예수님이 남기신 일곱 마디 말씀 묵상

십자가 위의 예수

Cross-Shattered Christ
by Stanley Hauerwas

Originally Published in the United States of America.
in 2004 in English under the title *Cross-Shattered Christ*

Published by Brazos Press
A Division of Baker Publishing Group
P.O. Box 6287, Grand Rapids, MI 49516-6287

예수님이 남기신 일곱 마디 말씀 묵상

십자가 위의 예수

스탠리 하우어워스 지음 | 신우철 옮김

새물결플러스

십자가 위의 예수

예수님이 남기신 일곱 마디 말씀 묵상

1쇄 발행 2009년 3월 23일
5쇄 발행 2025년 6월 13일

지은이 스탠리 하우어워스
옮긴이 신우철
펴낸이 김요한
펴낸곳 새물결플러스

편 집 왕희광 정인철 노재현 이형일 나유영 노동래
디자인 황진주 김은경
마케팅 박성민
총 무 김명화 이성순
영 상 최정호
아카데미 차상희

홈페이지 www.holywaveplus.com
이메일 hwpbooks@hwpbooks.com
출판등록 2008년 8월 21일 제2008-24호
주 소 (우) 04114 서울시 마포구 신촌로28가길 29
전 화 02) 2652-3161
팩 스 02) 2652-3191

ISBN 978-89-961592-2-3 03230

책값은 뒤표지에 있습니다.

이 책을 피터 옥스(Peter Ochs)에게 헌정합니다.

차례

Cross-Shattered Christ

감사의 글

일반적으로 얇은 책엔 이런 유의 글이 필요 없다. 하지만 독자들도 나처럼 감사할 사람이 많다면 꼭 쓸 것이라고 생각한다. 먼저 나는 성 토마스 교회(St. Thomas Fifth Avenue)의 교구 목사인 앤드류 미드를 언급하고자 한다. 그는 나를 세 시간에 걸친 성 금요 예배에 참석할 수 있도록 초대하였다. 미드 목사가 무슨 생각으로 나 같은 사람을 그런 영예로운 자리에 불렀는지는 단지 하나님만이 아신다. 어쨌든 성 토마스 교회의 부활절 행사에 참석할 수 있었다는 사실만으로 나는 미드 목사와 그 교회 성도들에게 깊은 감사를 표하지 않을 수 없다. 내 기억으론 거의 모든 성도들이 세 시간 동안 온전히 자리를 지켰다.

폴라(Paula Gilbert)는 이 묵상집을 읽고 나에게 매우 유용한 제안을 해주었다. 사실 그녀는 내가 받은 따끔한 지적을 훨씬 뛰어넘는 좋은 영향을 내게 주었는데, 빼도 좋겠다고 언급된 부분들을 적절한 곳에 자리하게 해 주었다. 데이빗(David Aers), 그렉(Greg Jones), 앨러스데어(Alasdair MacIntyre), 그리고 새뮤얼(Samuel Wells)에게도 나는 초기 원고에 대한 많은 조언을 받았다. 또한 동료 교수인 엘런(Ellen Davis)에게도 빚을 지고 있는데, 그녀는 이 묵상집을 매우 꼼꼼히 읽어 주었다. 특별히 엘런은 본문이 전달되는 측면을 고려하여 글을 어떻게 바꾸면 좋은지에 관한 핵심적 제안을 하였다. (내가 그녀의 제안을 모두 받아들인 것은 아니지만) 이 묵상집이 읽히는 동안 엘런의 수고도 함께 읽힐 것이다.

로드니(Rodney Clapp)는 이 책을 출판해 주었을 뿐 아니라 내용과 형식에 관해 놀라운 조언을 해 주었는 데 이에 특별히 감사를 표한다. 로드니는 오랫동안 내게 '작은 책'을 써

보라고 끈질기게 권했는데, 이 책이 그 결과이다. 이런 책으로 어떻게 돈을 벌 수 있을지 모르겠지만 로드니와 브라조스 출판사(그리고 베이커)의 동료들은 하나님과 하나님의 교회를 사랑하기 때문에 그들의 책임을 다하고 있다. 나는 이 책이 그들의 계획에 어느 정도 도움이 되기를 간절히 희망한다.

이 책의 제목은 존 딘(John F. Deane)의 시 '자비'(Mercy)로부터 따왔다. 이 시는 그의 책「신을 거칠게 다루기」(*Manhandling the Deity*)에 나와 있다. 이 시는 다음과 같이 시작한다.

> 오늘 아침 속된 마음으로 노래를 불렀다. 그리고
> 깨지지 않은 것처럼 기도했다.
> 그리스도의 형상이 일그러진 채 달려있고
> 내 머리 위, 피에 적신 들보에 팔을 벌리고 있다.
> 의심스런 신이여, 어둠의 거주자여,
> 우리에게 자비를,

불사(immortal)의, 십자가에 찢긴(cross-shattered) 그리스도.

당신의 온유한 자비를 우리에게 내리소서.

이 책을 읽는 독자 가운데 나의 이전 작품을 읽어본 사람이라면 정말 '같은 저자' 인가하며 의아스런 마음을 가질 수도 있을 것이다. 이 묵상집에는 어떤 유머도 없다. 나는 유머(적어도 잔인하지 않은)와 겸손 사이에 깊은 연관성이 있다고 믿는 사람이다. 하지만 이 묵상집의 주제와 관련하여 유머가 어떻게 사용될 수 있는지 나는 전혀 알 수가 없다. 또한 우리의 주제넘은 교만을 폭로하는 것을 제외하고는 어떤 논쟁도 끌어들이지 않았다. 이런 이유로 이 묵상집은 다르다. 하지만 나는 여기서 내가 제시하려는 신학이 발원한 생수의 원천을 독자들이 발견할 수 있기를 기대한다.

나는 이 책을 피터 옥스(Peter Ochs) 교수에게 헌정한다. 어떤 이에게는 '이처럼 지극히 기독교적인' 책이 유대인에게 헌정될 수 있다는 사실이 이상하게 보일지 모른다. 나는 옥스 교수에게 이 책을 헌정하고 싶다고 얘기했다. 하지만 그

전에 그가 먼저 이 책을 읽어 보길 원했다. 왜냐하면 내용상 헌정받기에 적절하지 못하다고 생각하거나, 무엇보다 당황스러워 할 수도 있기 때문이었다. 피터는 좋은 친구이다. 그리고 나는 그가 진실을 이야기할 것을 알았고 그는 다음과 같이 답장을 보내 왔다.

> 이 일곱 말씀들은 얼마만큼 당신이 '아들'을 섬기기 위해 성장해 왔는지 보여 줍니다. 하지만 그뿐만이 아닙니다. 또한 이스라엘을 위해서도 그러했습니다. 바로 그의 육체인 이스라엘 말입니다. 두 가지 의미가 모두 가능하겠지요. 그의 죽음이 무자비할 정도로 냉담했던 것만큼이나 그의 부활이 당신 속에 환히 비추길 기원합니다. 제가 볼 때, 그것이 당신으로 하여금 교회와 유대인의 회당을 오가며 현대를 살아가는 우리 대부분을 휘감고 있는 인간적인 자기중심성을 뛰어넘도록 몰고 갑니다. 물론 우리는 그 빛이 당신 안에도 있음을 알고 있습니다. 그 감격스런 기쁨은 한편으로는 완전히 신적이며 다른 한편으

> 로는 완전히 인간적이지 않나요?
>
> "깊은 바다가 서로 부르며"(시 42:7). 저와 그리고 이스라엘 백성과 함께 기독교의 가장 소중한 순간의 친밀함을 나누겠다는 생각은 당혹스럽지 않습니다. 어떤 종류의 사랑도 당혹스럽다는 것을 제외하고는 말입니다. 로젠쯔바이그(Rosenzweig)가 말했듯이 "사랑해 주세요"라는 외침이 당혹스러운 이유는 이 사랑 앞에서 나는 죄인이었다는 사실을 깨닫고 고백하게 되기 때문입니다. 내가 이해하기로 이 사랑은 일방적인 나눔이 아닙니다. 우리는 사랑받고 사랑하고 있습니다. 우리는 죄인이었지만 지금은 사랑받고 있습니다.

이 답장을 읽으면 독자들도 내가 왜 이 책을 피터 옥스에게 헌정하고 싶어하는지 그 이유를 더 이상 묻지 않을 것이다. 은혜롭게도 그는 나를 친구라고 인정해 주었다.

시작하는 글

비록 내가 신학자이지만 '신비' 라는 말은 나에게 친근한 단어가 아니다. 사실, 나는 신학자이기 때문에 이 단어를 멀리한다. '그리스도인들이 믿는 것은 신비롭다' 는 주장은 우리 그리스도인이 믿고 있는 것은 믿을 수 없는 우스꽝스러운 것이라는 추측을 낳게 한다. 쉽게 말해, '신비' 라는 말은 우리의 믿음이 우리의 이성과 상식에 배치된다는 점을 암시하는 것이다. 하지만 나는 우리 그리스도인이 믿는 것이 세상에 있는 것 가운데서 가장 이성적이고 상식적인 이야기라고 믿는다.

그래서 내가 이 묵상집에서 기독교의 삼위일체와 성육신의 교리를 설명하기 위해 '신비'라는 단어를 사용할 때, 나는 예수님께서 십자가 위에서 하신 일곱 가지 말씀에 대한 묵상이 우리의 가장 깊은 신학적 확신을 검증하는 신호로 독자들에게 인식되길 소망한다. '신비'란 풀 수 없는 퍼즐을 말하는 것이 아니다. 오히려 신비는 우리가 알고 있는 것을 가리킨다. 하지만 신비는 그것에 대해 더 알수록 우리가 알고 있다고 생각하는 모든 것을 다시 생각하게 하는 무엇이다. 따라서 나는 이 묵상을 통해 신비가 존중받기를 원한다. 예수님께서 십자가에서 하신 말씀을 통해 분명히 드러난 그 신비 말이다. 신에 대한 우리의 믿음이 그것을 요구하고 있다.

달리 말해, 나는 이 일곱 말씀을 어떤 설명(특히 심리적 설명)도 거부하는 방식으로 접근하고자 시도했다. 왜냐하면 지금 예수님은 십자가 위에서 말씀하고 계시기 때문이다. 설명이라는 것, 즉 예수님을 우리가 사물을 이해하는 방식에 복종시키려는 시도는 우리가 그리스도인으로서 섬기는 하나님의 '야생성'(wildness)을 길들이고 교화하려는 작업이라고 나는 확신한다. 그 이유 때문에 이 묵상집을 쓰는 작업이 힘들고 어려웠다. 나는 독자들도 이 책을 힘들고 어렵게 읽기를 바란다. 하지만 그 고통과 어려움이 생각을 명료하게 표현하지 못하는 내 능력의 모자람에서 연유하지 않기를 희망한다(분명치 못한 부분이 적잖게 있다는 점도 고백한다). 당신의 아들을 십자가 위에 희생시키는 아버지의 현실을 인식한다는 것이 얼마나 고통스러운 일인가.

이 묵상은 변증을 시도하지 않으면서 신학을 다룬다. 나는 결국 신학자이지만 독자들이 이 묵상의 신학적 성격이 실존적 '음미'(bite)도 포함하고 있음을 발견하기를 기대한다. 현재 기독교적인 것으로 통용되는 수많은 것들을 감상적으로 받아들이는 것은 십자가에 못 박힌 예수님을 '주'(Lord)로 고백하는 우리의 능력에 매우 파괴적인 영향을 끼친다고 나는 생각한다. '감상'은 우리의 필요에 따라 십자가에 달리신 예수라는 복음을 강제로 순응시키려 한다. 예수 그리스도를 나쁜 의미에서 우리의 '개인적' 구원자로 만드는 것이고, 십자가 위의 예수님의 고통을 회피할 수 없는 일반적 고통의 한 순간으로 치부하는 것이다. 이 책이 신학적인 면에서 굳게 주장하려는 것은 십자가 위의 예수님의 말씀을 모두 우리와 관련된 일반적인 것으로 해석하려는 죄의 유혹을 피하도록 돕는 것이다.

이 묵상집의 신학적 성격을 강조한다고 해서 십자가 위의 예수님의 말씀에 대한 나의 묵상이 다른 해석들보다 '뛰어나거나' 더 '지적이라고' 암시하는 것은 아니다. 사실 그 반대이다. 나는 가상칠언을 신학적으로 읽을 때 내 주장이 말씀 자체를 대체하지 못하도록 무던히 노력했다. 신학은 교회를 섬기는 학문이다. 하지만 다른 학문과 마찬가지로 신학에 소명을 받은 사람들은 신학을 사용하여 종(신학)이 섬기도록 되어 있는 사람들 위에 군림할 권력을 얻을 수도 있다. 그 결과, 신학자가 성경에 대해 언급한 주장이 성경 말씀 자체보다 더 중요해지는 경우가 발생한다.

기독 공동체가 자신의 이야기를 바르게 유지하기 위해 신학은 필요한 학문이다. 그리고 신학은 그것을 위한 정교한 학문이다. 기독 공동체는 신앙과 행위로 구성되어 있다. 그런데, 그 행위들은 그들이 요구하는 행동들이다. 따라서 신학 작품은 결코 완성되지 않는다. 신학 작품이 결코 완성될 수 없는 이유는 우리가 변화하는 세계에 살고 있을 뿐 아니라, 그 공동체 자체가 섣부른 종료를 거부하고 있기 때문이다. 이것이 보다 중요한 이유이다. 그 이야기, 즉 십자가에서 예수님이 쏟아내신 일곱 말씀은 이 공동체가 회복되기 전까지 과거는 과거가 아님을 인정하도록 한다. 이러한 구원의 빛 가운데 존재하기 전까지는 현재를 분명히 알 수 없다고 말할 수 있다. 예수님의 십자가와 부활을 통해 제시되는 희망을 통해서만 미래가 존재할 수 있다. 간단히 말해서 신학의 과제 중 적어도 하나는, 또한 내가 일곱 가지 말씀을 묵상함으로써 수행하려 했던 과제는, 우리 시대를 위한 적실성 있는 성서 읽기를 제공하는 것이다.

하지만 이 묵상을 통해 나는 우리 시대의 성격을 드러내는 것 이상의 시도는 하지 않았다. 우리 시대는 종종 '현대'라고 불린다. 나는 '현대'라는 말이 우리에게 무엇을 의미하는지 이해하려고 시도했는데 그 이유는 그것이 이 묵상을 수용하거나 혹은 무시하는 것이 되지 않기를 바랬기 때문이다. 사실 나는 이 묵상집을 집필할 때 우리 시대 신학의 담론이 직면한 어떤 어려움을 염두에 두고 쓰지는 않았다. 이 책을 쓴 다음에야 읽게 된 「성공회의 정체성」(*Anglican Identities*)에서 로완 윌리엄스(Rowan Williams)는 우리 시대의 신학 앞에 놓인 문제를 "부르주아적 환경에서 '극단성'을 경험하고 무엇이든지 표현하고자 하는 시도 가운데 뿌리박힌 신앙의 언어를 이기적(self-serving) 드라마 없이 어떻게 해석할 것인가"로 규정한다. 내가 믿기로는 이 정의야말로 십자가에서 주신 예수님의 말씀을 묵상하려는 모든 사람들이 직면한 도전이라고 할 수 있다. 내가 이 도전에 성공적으로 대처했다고 주장하는 것이 아니다. 단지 내가 그 도전을 어떻게 이해하고 있는지 밝힐 뿐이다.

윌리엄스는 또한 대주교 마이클 램지(Michael Ramsey)의 작품을 언급하면서, 교회에 기초한 또는 교회에 초점을 맞추는 신학을 삼키려고 위협하는 이데올로기적 족쇄를 끊임없이 경계해야 한다고 주장한다. 물론 나는 교회에 초점을 맞추는 신학을 제시하고자 한다. 그리고 이 묵상에 신학적 강조점이 충분히 반영되어 있음을 만약 부인한다면 그것은 거짓과 어리석은 일이 될 것이다. 윌리엄스는 그러한 이데올로기적 신학에 의한 속박을 피할 수 있는 유일한 길로, 성만찬시에 교회가 완벽하게 교회가 될 수 있지만 그 생명은 성만찬에 의해 소진되지 않는다는 사실을 기억해야 하는 것이라고 제안한다.

> 항상 '회중' 밖에서 회중이 드러내는 것을 인식하려고 분투하는 존재들이 있다. 그런 맥락에서, 신학은 예배 시 교회가 수행하는 예언적 중요성을 인식하기 위해 '겸손'이라는 인식표를 가지고 있어야 한다. 특별히 그 형식이나 구조에 있어 어느 한 순간 예배가 복음에 상치되는 부분이나 걸맞지 않은 모습을 드러낼 때도 마찬가지다(경건한 목회자가 이런저런 유의 사회적 금기 사항을 언급할 때, 예배 의식 중 불안 또는 비굴을 이야기할 때, 또는 언어가 소외적 혹은 폭압적

이미지를 드러낼 때와 같이 말이다).

나는 이 묵상들이 기독교가 하나님을 예배하는 것의 중심에 놓여 있는 '겸손'과 같은 덕목을 고양하는데 도움이 되길 소망한다. 복음을 배신하려는 끝없는 유혹-교회 역사를 통해 충분히 드러난 이 유혹-을 관용이란 이름의 거짓된 겸손을 모방하려는 현대의 그리스도인들도 거부할 수 없다고 나는 확신한다. 믿음을 이념적으로 왜곡하려는 시도는 끈질기다. 이러한 왜곡은 더욱 기승을 부리고 있다. 그 이유는 '스스로를 섬기는 극적인 것'이 지루한 진리보다 좋은 대안으로 보이기 때문이다. 그리스도인들이 저항할 수 있는 유일한 원천은 그리스도가 십자가 위에서 기도했던 하나님에 대한 우리의 믿음이다.

데니스 터너(Denis Turner)의 표현에 의하면 그 하나님, 시편에서 노래한 그 신은 "우리의 이해를 뛰어넘는 분이다." 이 말은 우리가 하나님에 대해서 무엇인가 이야기할 수 없기 때문이 아니라, 이야기할 것이 너무 많기 때문이다. 하나님에 대해 언급할 내용이 부족한 것이 아니다. 우리는 하나님에 대해 무엇을 이야기해도 그것이 하나님을 제대로 표현한 것이 아니라는 것을 깨닫게 된다. 이 깨달음은 그 어떤 곳보다 예수님께서 십자가에서 하신 말씀들에서 더욱 분명히 드러난다. 하나님의 어두움이 그리스도의 십자가에 드리운 어두움보다 더 짙은 곳은 아무데도 없을 것이다. 하지만 이 어두움은 동시에 놀라운 빛이다. "하나님은 우리가 알기에 너무 막연한 분이 아니다. 우리가 하나님을 알 수 없는 이유는 이해하기에 너무 명확하고 너무 실제적(actual)이신 분이시기 때문이다. 신의 불가지성은 바로 이러한 실제성의 초과에 있다." 그리스도인들이 (신을) 소유한다고 하지 못하고, 오히려 자신이 섬기는 신에 의해 소유되어 있다고 이야기하는 이유는 하나님이 "나의 하나님, 나의 하나님, 어찌하여 나를 버리시나이까?"라는 질문을 통해 가장 명확히 드러나기 때문이다.

위의 설명이 예수님의 마지막 말씀들에 대한 나의 묵상을 '설명' 하지 않는다. 나는 그분의 첫 말씀에 대한 묵상에 폰 발타자르(von Balthasar)의 「부활의 신비」(*Mysterium Paschale*)에 나오는 구절을 인용했다. 그리고 독자들이 이 글을 통해 그 인용문이 이어지는 다른 나머지 말씀들을 묵상하는데 왜 그토록 중요한지를 명확히 이해할 수 있기를 바란다. 사실 나는 발타자르의 그 탁월한 작품이 없었더라면 제한적이긴 하지만 이런 묵상집을 쓸 수 없었을지도 모른다.

나는 위에서 이런 묵상집을 쓰는 일이 어렵고 힘겨운 과정이었음을 고백하였다. 내가 한 작업이 과연 묵상집으로 불릴 만한지조차도 확신이 없다. 이 책은 분명히 설교가 아니다. 또한 제대로 된 신학책도 아니다. 그런데 내가 한번이라도 '제대로 된 신학책'을 썼는지도 확실치 않다. 하지만 이 책의 성격이 어떠하든 이 책을 읽는 독자들이 우리 삶이 예수 그리스도의 삶과 죽음, 그리고 부활에 의해 구원받았고, 말 그대로 영원히 산다는 것이 가능해졌음이 얼마나 경이로운 일인지 발견하게 되기를 나는 소망한다. 나도 이런 사실을 발견하지 않을 수 없었다.

▪ 첫 번째 말씀 ▪

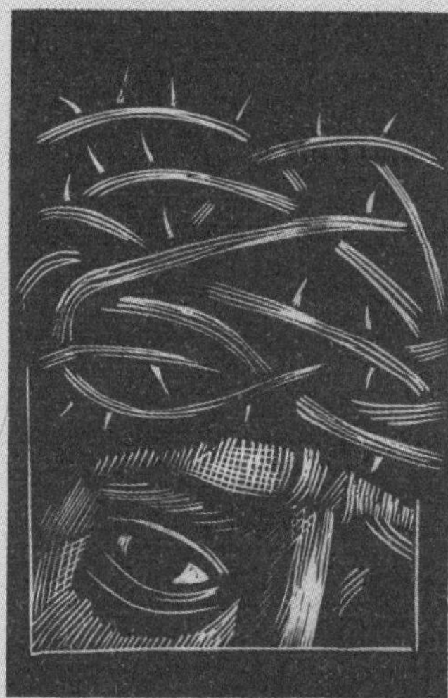

"아버지 저들을 사하여 주옵소서.
자기들이 하는 것을 알지 못 함이니이다."(눅 23:34)

막 태어난 아기를 품에 안는다고 상상해 보라. 아니면 병들어 곧 운명하실 조부모나 쇠약해진 친구와의 포옹을 생각해 보라. 우리는 사랑하는 사람들을 품에 안으려 한다. 하지만 품는 것이 두려울 정도로 이들은 너무 귀하고 연약하고 아름답다. 십자가 위의 고통 가운데서 나온 예수님의 말씀 역시 우리를 비슷한 상황에 놓이게 한다. 우리는 이 말씀들로 인도받는 즉시 그것을 마음에 품기가 두렵다. 이 말씀들의 능력을 이해할 수 없다는 생각이 드는 것이다.

이 말씀들을 이해한다는 것은 우리가 소중히 여기는 모든 것이 담긴 일상에 위협을 주기에 당연히 두려움을 느끼게 된다. 매일 죽는다는 것은 늘 위험을 느끼게 하므로 우리는 삶을 정상으로 되돌리기 위해 죽는 것을 부인하는 일상을 살려 한다. 하지만 죽음, 그리고 결정된 죽음에서 나온 말씀들은 일상적인 것이 아니다. 이것은 하나님의 아들의 죽음이다. 이것은 죽음을 포괄하는 죽음이며, 우리가 '죽음과 타협하거나 타협할 수 있다' 고 생각하는 가정에 도전한다. 이 죽음을 이해한다는 것, 이 말씀에 직면한다는 것은 결코 삶이 다시 일상으로 돌아갈 수 없음을 의미한다.

첫 번째 말씀인 "아버지 저들을 사하여 주옵소서 자기들이 하는 것을 알지 못 함이니이다"는 우리를 위로하는 것처럼 보인다. 하지만 「부활의 신비」(*Myterium Paschale*)에서 발타자르(Hans von Balthasar)는 예수님이 십자가 위에서 하신 첫 말씀에 대해, 이 말씀이 복음서들을 조화시키려는 이상한 시도에 의해 만들어졌다고 주장하였다. 사실 발타자르는 일곱 말씀 가운데 첫 번째 말씀이 우리가 마태와 마가복음에서 만나는 유일한 십자가의 말씀일 것이라고 주장했다. 그것은 버림받은 사실에 대한 울부짖음이었다. "엘로이, 엘로이, 라마 사박다니? – 나의 하나님, 나의 하나님, 어찌하여 나를 버리셨나이까?"

하지만 이 말씀으로 시작하면 그것은 우리에게 너무 많은 것을 요구한다. 만일 이분이 하나님의 아들이라면 우리는 이 울부짖음에 대하여 어떻게 반응해야 한단 말인가? 우리는 다음과 같은 생각을 떨쳐버릴 수 없다. '만일 당신이 하나님의 아들이라면, 어떻게 이렇게 외칠 수 있죠? 만일 당신이 신이라면, 만일 당신이 삼위 가운데 제2위의 하나님이시라면, 어떻게 버림받을 수 있는 거죠?' 그렇다면 그는 분명히 문제 있는 신이다. 시편에는 하나님에 의해 버림받는 것을 표현하는 많은 예가 나온다. 이에 대해 많은 사람들은 이것이 우리의 절망, 우리가 버림받은 느낌을 표현하는 것이지 신이 버림받은 것을 나타내는 것은 아니라고 생각한다. 따라서 우리는 신이 시편을 따라 기도한다는 것이 어울

리지 않는다고 생각한다. 우리는 십자가의 이 말씀에 직면하여, 신께서 신이 되시는 것을 막으려는 시도를 할 수 있다고 생각한다. 따라서 우리는 이 체념의 말씀이 왜 혹은 어떻게 예수님의 입에서 나올 수 있었는가를 설명할 다른 방법을 찾는다.

명백히 발타자르가 틀린 것이다. 자신을 십자가에 못 박은 사람들을 용서해 달라는 예수님의 요청으로 시작하면(우리는 이 말씀에 우리 자신 역시 포함될 것을 기억해야 한다) 버림받는 모순으로부터 예수님을 구할 만한 설명을 얻을 수 있을 것 같다. 이러한 설명을 종종 속죄 이론이라 불렀다. 이 이론은 하나님의 아들이신 예수께서 왜 죽어야만 했는지 이해할 수 있도록 도와준다. 우리는 정말로 이 방법이 매우 간단하다고 생각한다. 즉 예수님은 우리의 소원대로, 그리고 용서받아야만 하는 우리 때문에 죽을 수밖에 없었다. 하지만 아이러니하게도 이러한 설명은 초점을 예수님으로부터 우리에게로 돌린다. 나는 이것이 치명적 치환이 아닌가 싶어서 두렵다. 왜냐하면 이 모든 것을 우리에 관한 것, 달리 말하자면 용서에 대한 우리의 필요에 관한 것으로 생각하기 시작하자마자 십자가를 포장하는 장중한 설명이 생기고 우리가 처음 그리고 가장 가까이 신을 볼 수 있는 실제로부터 우리의 눈을 가리는 것이 되기 때문이다.

더욱이, 십자가의 이 말씀을 우리의 필요에 부응하는 식으로 해석하고 그리하여 우리의 믿음에 필요한 신을 만드는 순간, 우리는 그 말씀을 추측하면서 읽게 되고 나아가 자신을 만족시키려는 욕망을 거부할 수 없게 된다. 예를 들어, 우리는 예수님 안에 놀라운 구원자가 있다고 생각한다. 그는 친절하게도 고통 가운데서도 우리에게 용서를 제공하셨다. 물론 우리는 그 용서가 필요로 하는 것을 행했다고 확신하지 못한다. 하지만 우리는 기꺼이 무엇인가를 하기 위해 어떤 것을 생각해 내려고 애쓴다. 아이러니하게도, 용서가 필요하다는 것이 무엇을 의미하는지 이해하려 애쓰는 가운데, 너무 자주 우리의 초점은 십자가와 그곳에 달린 하나님이 아닌 '인간의 조건' 이라고 불리는 그 무엇인가로 옮겨가게 된다.

우리가 하고 있는 일이 무엇인지를 잘 모르는 상황에 있을 때, 심지어 우리는 용서가 정말 우리에게 필요한 것인지를 고려하기 시작한다. 그러나 우리들, 즉 현대적 의미의 책임을 인식하고 있는 사람들은 자신이 한 일을 알고 있을 때만 용서가 필요하다는 사실을 예수님이 이해하지 못하는 것 같다고 생각한다. 하지만 우리는 종종 행하지 말아야 할 일을 저질렀으며, 행해서는 안 되었다는 점에 대해 모호한 생각을 가지고 있음을 인정함으로써 예수님에게 선의의 해석을 가한다. 행하지 말았어야 했다는 어떤 의식이 있었을 때 한 일에 대해서는 어쩌면 용서가 필요할 수도 있다.

나아가 우리의 나르시시즘은 예수님의 죽음을 다른 죽음과의 비교를 통해 이해해 보도록 부추긴다. 정의롭지 못한 권력에 의한 죽음 말이다. 예를 들어, 대 예언자적 죽음과 같은 것이다. 당시는 의미 없어 보이지만 시간이 지나면서 중요해지는 죽음도 있다. 도저히 피할 수 없는 것 같은 우리의 죽음의 절망적인 상황에 어떤 희망을 가져다주는 죽음도 있다. 하지만 예수님의 죽음은 순교자의 죽음이 아니다. 십자가의 '마지막 말씀들' 은 아무것도 잃을 것이 없기 때문에 선포한 또 하나의 진리의 예가 아니다. 넘겨져서 죽어가는 가운데, 예수님은 죽음에 대한 어떤 의미나 목적을 제시하려 한 것이 아니다. 본회퍼가 지적한 바와 같이 예수님의 죽음과 부활은 죽음의 문제에 대한 해결책이 아니다. 이것은 말 그대로 하나님의 아들의 죽음인 것이다.

또한 이 말씀들은 가장 우선적으로 우리 자신에 관한 것, 즉 우리의 보잘것없는 죄성에 대한 것이 아님을 분명히 상기시킨다. "아버지 저들을 사하여 주옵소서 자기들이 하는 것을 알지 못 함이니이다"고 요청하신 분은 삼위일체 하나님의 제2위 하나님이시다. 아들은 아버지를 친밀하게 부르고 있다. 우리는 매우 공개적으로 표현된 사랑에 당혹스러워하며 고개를 돌린다. 맥케이브(Herbert McCabe)에 의하면 "아버지, 용서하옵소서"라는 말은 믿음의 눈으로 볼 수 있는 삼위일체 하나님의 내적인 삶과 다름없다. 아들은 아버지께 용서를 구한다. 만일 이것이 모두 우리에 관한 것이고, 죽음에 직면한 삶의 의미를 이해하기 위한 우리의 분투에 관한 것이라면 상상할 수 없는 용서이다. 이 행위와 이 말씀을 통해 예수님은 모든 사색적인 이론들을 제거한다. 세상의 화해를 위해 요구되는 것이 무엇인지에 대한 우리의 이해에 예수님의 이 말씀과 이 죽음을 종속시키고자 하는 모든 이론들 말이다. 다음은 발타자르의 말이다.

> 텅 빈 공간에서 제멋대로 추측하는 것도 자유지만 하나님이 그분의 (완전한) 주권 하에 스스로 자신의 행동에 대한 완전한 근거이며 의미라는 점이 기억되어야 할 것이다. 그렇다면 오직 어리석음만이 다른 가망성을 찾으려 하며, 자신의 실제 행위를 간과하도록 할 것이다. 하지만 그 이상으로, 잃어버린 자들과 함께하는 것이 외형적으로 드러나는 모습으로 그들을 대신하여 죽는 것보다 위대한 무엇이라는 사실을 분명히 말할 수 있어야 한다. 그분의 말씀을 선포하는 것은 단순한 것이 아니라 더 큰 의미를 지니는데, 선포될 때 동시에 일어나는 반대를 통해 죄인들 사이에 난폭한 죽음이 발생할 수도 있다…왜냐하

면 구원은 아버지의 유일한 아들이, 세상의 모든 죄를 전적으로 홀로 수용함에 있기 때문이다. 아들은 그의 신-인됨(Godmanhood)을 통해서만 이러한 임무를 감당할 수 있다.

성 금요일이 그토록 파괴적인 이유가 있는가? 성 금요일에, 그리고 "아버지 저들을 사하여 주옵소서 자기들이 하는 것을 알지 못함이니이다"라는 말씀 때문에 하나님과 하나님에 의해 마련된 계획에 대한 우리의 모든 추측은 주제 넘는 것으로 판명난다. 무엇보다 이는 십자가에서 실제로 일어난 사건이 우리와 관련된 것임을 발견하는 방식인데, 그러나 우리에 관하여 십자가에서 일어난 사건이 우리가 필요로 하는 방식의 구원이라는 우리의 가정에 도전하는 것이다. 그리스도의 십자가를 통해 우리는 삼위일체의 신비 가운데로 인도된다. 이것은 우리를 위한 하나님의 사역이다. 우리는 용서와 구원으로 통치되어지는 왕국의 일원이 되는 것이다. 세상은 죄에 의해 숙명되어진 인간의 본성으로는 상상할 수 없는 대안을 제공받은 것이다.

이것은 멀리 떨어진 이상에 대한 모호한 열망이 아니다. 오히려 살과 피로써 가능하다. 살과 피는 알제리의 티비린(Tibhirine) 수도원의 트라피스트(Trappist)파 수도원장이었던 크리스티앙 드 세르주(Christian de Cherge)만큼 실제적이다. 1993년 이슬람 과격주의자들이 봉기를 일으켰을 때 크리스티앙과 그의 동료 수사들은 알제리를 떠나지 않으면 죽게 될 것이라는 것을 잘 알고 있었다. 결국 크리스티앙은 1996년에 이슬람 과격분자들에 의해 참수되었는데, 죽음을 예견하면서 그는 자신이 죽은 후에 가족들이 꺼내 읽을 것을 당부하며 유언을 남겼다. 그는 자신을 사랑하는 사람들에게 그가 겪는 이러한 희생이 가치가 있기를 위해 기도해 달라고 부탁한다. 그는 자신의 죽음이 그가 사랑한 이슬람 세계의 평범한 사람들 모두를 비난하는 사건으로 악용될 것을 두려워했다. 그는 다음과 같은 말로 유언장을 끝맺고 있다.

분명 나의 죽음은 나를 순진하거나 이상적이라고 치부했던 모든 사람들의 의견을 정당화시킬 것입니다. “지금 그의 생각을 말하게 하라.” 하지만 그런 사람들은 내 죽음이 내 가장 뜨거운 호기심을 만족시킬 것이라는 점을 알아야 합니다. 하나님께서 기뻐하신다면 결국 나는 그분이 이슬람의 자녀들을 보시는 것처럼 그들을 볼 수 있게 될 것입니다. 나아가 나는 그리스도의 영광의 빛 가운데서, 하나님의 수난과 성령의 선물을 공유하게 될 것입니다. 그분이 주시는 비밀스런 이 기쁨은 언제나 우리의 차이점 가운데에서 드러나는 공통된 인간성을 부각시키는 일일 것입니다.

이 삶을 주신 하나님께 감사드립니다. 이 삶은 전적으로 제 것이었고 또한 하나님께는 전적으로 그들의 것이었습니다. 그분은 이 삶이 모든 저항이 있음에도 불구하고 기쁨으로 가득차길 원하셨습니다. 감사는 제 삶에 대한 모든 것을 담고 있습니다. 이 감사의 대상에 현재와 과거의 친구들, 내 어머니와 아버지 옆에 있을 친구들, 형제자매들을 포함하고 싶습니다. 정말 감사합니다.

그리고 이 마지막 순간의 나의 친구에게도 감사합니다. 비록 지금은 자신이 하고 있는 일을 모르겠지만 말입니다. 그렇습니다. 그에게도 이 감사의 말, “아듀”를 전합니다. 그분의 형상이 그에게도 있습니다. 하나님이 원하신다면 행복한 강도들처럼 우리도 천국에서 만날 수 있겠죠. 주님은 우리 모두의 아버지이시니까요. 아멘! 인샬라!

크리스티앙 드 세르주의 순교는 그리스도의 죽으심으로 가능했다. 그의 삶은 성부, 성자, 성령의 삶, 그리고 십자가에 못 박힌 삶을 산다는 것이 무엇인지를 보여주는 증언이다. 그런 식으로 하나님의 사랑의 일부가 된다는 것은 그동안 우리가 추측해왔던 모든 인간적인 것을 제거해 버린다. 그럴 때만이 크리스티앙 드 세르주가 살았던 삶을 사는 일이 가능해진다. 그는 하나님의 유일한 아들 예수님만이, 죽임을 당하기보다는 도리어 죽이길 원하는 우리 같은 사람들을 용서해 달라고 아버지께 요청할 수 있는 권리를 가졌음을 확신했다. 이것이 우리가 올바르게 십자가에 가까이 갈 수 있는 이유이다. 이것이 우리가 예수님의 말씀을 올바로 기억하는 이유이다. 우리 역시 세상을 위하여 그리스도의 십자가를 통해 우리의 것이 된 그 용서가 될 것이라는 희망을 가지고….

▪ 두 번째 말씀 ▪

"내가 진실로 네게 이르노니
오늘 네가 나와 함께 낙원에 있으리라."(눅 23:43)

십자가상의 예수님의 말씀을 둘러싼 침묵은 우리를 괴롭게 하고 위협한다. 죽음이 지배하는 이러한 침묵에 휩싸여 있기에 우리는 이 말씀들을 이해하기에 너무 어렵다고(난해하다고) 인식하게 된다. 그 의미가 무엇인지 어떻게 알 수 있단 말인가? 어떤 상황이 전개되고 있는지 더 이해하기 위해 우리는 더 많은 정보를 갈망한다. 이 죄수에 대한 예수님의 말씀도 마찬가지다. 마치 미니 드라마 같은 장면의 끝에 위치한 이 말씀 역시 우리의 호기심을 만족시키지 못한다. 왜 한 강도는 예수님을 조롱했으며 반면 다른 죄수는 예수님이 누구인지를 깨달은 것처럼 보이는 것일까? '죄수'(criminals)라는 말이 의미하는 것은 무엇인가? 혹 이들은 로마의 식민지 통치를 전복시키려 했던 열심당원들이 아니었을까? 한 죄수는 예수님이 이스라엘이 고대해 왔던 해방자가 아님이 밝혀졌기 때문에 모독했는가? 조롱하던 죄수는 엠마오 도상에 있던 두 사람과 같지 않은가? 이 제자들 역시 예수님이 더 이상 무덤에 계시지 않는다는 소식을 전해 듣고 예루살렘을 떠나가고 있었다. 적어도 엠마오로 내려가던 제자들의 생각으로는 예수님은 이제 더 이상 '이스라엘을 구원' 하리라 기대했던 메시아적 인물이 아니었다. 도대체 어떤 구원자가 십자가에 매달린단 말인가? 그러나 예수님이 이스라엘이 열망했던 종류의 구원자가 아니라면, 어떻게 해서 이 죄수는 십자가에 매달린 이 실패자가 왕국으로 들어가실 것을 알아차릴 수 있었던 것일까?라는 문제가 남는다.

우리는 수수께끼 같은 십자가상의 예수님의 말씀뿐만 아니라 복음서 전반에 나타난 침묵 때문에 좌절한다. 우리는 예수님이 정말 어떤 사람이었는지 조금이라도 더 알고 싶어 한다. '예수님은 자신이 하는 일에 대해 정말 어떻게 생각했을까?' 그것을 안다면 하나님을 믿는다는 것, 적어도 예수 그리스도의 하나님을 믿는다는 것을 보다 확실하게 알 수 있을 것이라고 우리는 생각한다. 예를 들어, 왜 복음서는 예수님의 성장 과정이나 여성과의 관계에 대해 거의 언급하지 않는 것일까? 비유도 마찬가지다. 왜 우리가 잘 이해할 수 있도록 분명히 설명해 주지 않은 것일까? 심지어 제자들의 요청을 받아들여 비유의 의미를 풀어주실 때조차도, 우리는 비유의 의미 자체만큼이나 그 비유가 함의하고 있는바 때문에 혼란을 겪는다. 예수님에 대해 아는 것이 거의 없기 때문에, 우리의 상상은 복음서의 빈약함을 보충하며 제멋대로 뻗어 나간다. 특히 십자가 위에서 하신 말씀에 대해서는 더욱 그렇다.

하지만 나는 십자가상의 빈약한 말씀뿐만이 아니라 복음

서의 침묵조차도 우연이 아니라고 믿는다. 대신 그러한 침묵은 하나님이 우리에게 부여하신 훈련이고, 그것을 통해 십자가에 의해 가능해진 구원의 고요함 속으로 들어가게 하며, 그 고요함의 참여자가 되게 한다. 우리가 사는 세계는 신에 대한 믿음을 절망적인 비합리성으로 간주하게 한다. 이런 세계에서 그리스도인들은 믿는 것에 대해 말할 수 있고, 또 말해야 하는 것보다 더 많은 이야기를 하고자 하는 유혹을 받는다. 신학자들이 특히 이런 유혹을 강하게 느낀다. 교회가 세상에 동조되는 것을 비판하는 나 같은 신학자라면 더욱 그렇다. 또한 하나님이 우리들에게 허락하신 것 이상으로 자신이 하나님에 대해서 많은 것들을 알고 있다고 가정하는 신학자들이 여기에 해당된다.

로완 윌리엄스는 그의 책 「재판장에 선 그리스도: 우리의 판단을 뒤흔든 복음서」(*Christ on Trial: How the Gospel Unsettles Our Judgement*)에서 "하나님은 우리가 접촉할 수 없는 연락처를 가지고 있다"라고 말한 바 있다. 이 놀라운 진술은 성경이 우리에게 부과한 침묵 이상으로 말하고 싶고 알고 싶어 하는 우리의 열망을 지적한 것이다. 또한 십자가 처형을 통해서 밝혀지는 신의 신비에 불안해하는 우리의 마음을 드러낸 것이다. 그리스도인들의 삶조차 사로잡고 있는 것이 아닌지 의심이 드는 현대의 회의주의에 맞서 우리는 어떤 확신을 가지고 하나님에 대해 말하고 싶어 하지만, 그러한 시도는 십자가에 못 박힌 신을 섬기는 사람들에게 어울리지 않는 확신일 뿐이다.

윌리엄 제임스(William James)는 그의 책 「종교적 경험의 다양성」(*The Varieties of Religious Experience*)의 '결론'에서 그는 우리가 살고 있는 세계에 대해, 그리고 현대성의 치열한 열기 가운데 형성된 우리 자신이 가지고 있는 가정(假定)에 대해 훌륭히 묘사했다. 그의 관찰은 또한 왜 우리가 알려진 것 이상으로 예수님 안에서 발견되는 하나님에 대해 더 알고 싶어 그토록 안달이 났는지 알려 준다. 제임스는 우리의 삶이 이제 과학적 가정에 의해 형성되었다고 주장한다. 이런 가정 하에서는 시편 기자가 노래한 것처럼 "하늘은 주의 영광을 선포하고"라는 말씀을 믿기가 힘들다. 예를 들어, 이

제 우리는 태양계가 마침내 어떤 생명도 존재하지 않을 공간과 시간의 광야 가운데 있는, 단지 스쳐가는 우연이자 지엽적 사건이라는 사실을 알고 있다. 어떤 목적이 있든 간에, 그것은 우리 스스로가 부여한 것이다. 제임스는 다음과 같이 쓰고 있다.

> 우리 조상들의 지적 세계를 만족시켰던 자연신학 교과서는 현재 우리가 볼 때 우스꽝스럽다. 그곳에는 신이 자연계의 가장 위대한 것을 우리의 개인적 필요를 위해 복종시켰다고 설명한다. 과학이 인식하는 신은 배타적으로 보편 법칙을 따르는 신임이 틀림없다. 그 신은 소매를 취급하지 않고, 도매만 취급한다. 그는 개인의 편의를 위해 자신의 과정을 활용할 수 없다. 폭풍우치는 바다를 감싸는 거품 방울은 바람과 물의 힘에 의해서 형성되고 사라지는 일시적인 것에 지나지 않는다. 우리의 개인 삶도 이런 거품과 마찬가지다. 클리포드가 기가 막히게 묘사했다는 생각이 드는 '부수현상'(epiphenomena)인 것이다.

그 운명의 무게는 무(nothing)이다. 그리고 회복되지 않는 이 세상의 흐름 가운데 결정할 수 있는 것은 아무것도 없다.

비록 우리가 그리스도인이긴 하지만 그러나 우리는 상상을 통해 두려워하는 습성이 있다. 그리고 아주 종종 우리의 삶은 우리자신이 폭풍우가 휘몰아치는 바다 위의 단순한 거품에 불과하다는 두려움을 일깨워준다. 우연한 우주의 날씨가 우리를 만들어내었고 역시 동일한 우주의 날씨가 우리를 죽일 것이다. 우리는 흔적도 없이 죽을 것이라는 사실을 걱정한다. 왜냐하면 누구도 우리가 걸어왔던 길을 이해하거나 기억하지 않을 것이기 때문이다. 그 결과 우리는 잊혀지지 않겠다는 희망을 위해 절박하고 치명적인 삶을 산다. 예를 들어, 미국인은 세계 역사상 가장 위대하고 가장 강력한 국가의 시민이라는 사실에 위안을 얻는다. 그렇게 함으로써 미국인은 미국이 행사하는 힘과 부를 지지하고 싶은 유혹을 받는다. 비록 그것이 정당하지 못할 수도 있으나 국가의 힘을 확보하기 위해 필수적인 것이라고 생각하는 것이다. 이러한 국가의 시민이 된다는 사실은 적어도 우리의 삶이 잊혀지지 않을 것이라는 사실을 암시한다. 역사가 기록될 때 로마처럼 미국도 결코 잊혀지지 않을 것이다. 그리고 미국인들은 역사 안에서 한 자리를 차지할 것이다. 이런 방식으로 만들어진 민족이 예수라는 사람에게 일어났던 사건이 자신들의 가치에 모종의 보탬이 될 것이라고 믿는 것이 무엇이 이상한가? 예수님의 십자가 처형과 삶에 관한 간결하고 부실한 기록에 불만을 품는 것이 무엇이 이상한가?

따라서 우리는 우리 자신을 그 강도의 요청과 일치시키는 것이 그다지 어렵지 않다. '오 예수님, 제발, 우리를 기억해 주세요. 우리가 단지 세상 거품이 되지 않도록 우리의 삶이 중요성을 갖도록 해 주세요.' 하지만 예수님과 같이 매달렸던 강도는 그의 삶이 중요성을 갖도록 기억해 달라고 요청하지 않았다. 오히려 시편 기자가 이스라엘에게 가르친 것처럼 예수님이 그의 왕국에 들어갈 때 기억해 달라고 요청하였다. 이러한 부탁은 자신과 똑같은 십자가형을 당하고 있는 예수님만이 그의 청을 완전히 들어주실 수 있다는 것을 의미한다. 우리가 기억해 달라고 절박하게 요청하는 이유는 우리가 아무것도 아니라는 두려움 때문이다. 이와 대조적으로 이 강도는 기억할 수 있는 자가 누구인지 알기 때문에 기억해 달라고 확신 있게 요청하고 있다. 이 강도는 예수가 바로 이스라엘을 구원할 자임을 보고 인정할 수 있었다. 시편에서 성경 기자는 종종 절망을 쏟아 놓으며 하나님께 도움을 요청한다. 하지만 도움이 오지 않는 경우가 있었고 그때도 성경 기자는 다음과 같이 노래한다.

내 영혼아 네가 어찌하여
낙심하며
어찌하여 내 속에서
불안해 하는가
너는 하나님께
소망을 두라

나는 그가 나타나 도우심으로 말미암아
내 하나님을 여전히 찬송하리로다(시 42:11).

이 강도는 예수님의 절규가 하나님의 시편임을, 그리고 그가 죽음 자체를 인내하심으로써 죽음을 정복하는 분이심을 인식했다.

게다가 이 강도는 예수님이 바로 왕국임을 믿었고, 그 믿음은 옳았다. 그 왕국은 이 세상의 왕국들을 위협하는 왕국이다. 이 세상의 왕국은 거짓말 위에 건설되어야 했다. 우리가 죽을 운명을 가진 피조물이라는 사실을 잊기 위해서 필연적으로 건설되어야 하는 왕국인 것이다. "이것을 행하여 나를 기억하라." '기억'은 종말론적 정치, 즉 희망의 정치가 그리스도의 십자가 앞에서 취해야 하는 형태이다. 그러한 정치는 미래에 실현되어야 할 어떤 유토피아적인 이상향이 아니다. 그것은 매 주일마다 우리가 받는 그리스도의 살과 피만큼 실제적인 것이다. 마치 크리스티앙 드 세르주의 삶만큼 실제적이다.

기억(remember)이란 말 그대로 '다시 모이는'(re-membered) 것이다. 세례를 통하여 우리는 새로운 몸을 받았다. 이 몸은 그리스도의 몸을 구성하는 육체들로부터 더 이상 소외되지 않는다. 그리고 이로 말미암아 우리는 우리 자신이 기억에 의해 살고 있다는 점을 명심하게 된다. 단지 그리스도만이, 삼위일체 가운데 제2위의 하나님만이 그 강도와 우리에게 오늘 우리가 그와 함께 있을 것이라고 약속할 수 있었다. 예수님과 함께 있는 것, 예수님에 의해 그의 친구로 인정되는 것이 낙원이다. 왜냐하면 예수님이 하나님의 왕국, 그의 왕국(autobasileia), 십자가에 처형된 자의 왕국이기 때문이다. 우리는 그 이상 알 필요가 없다. 낙원에 있다는 사실은 '예수님과 함께' 있다는 것이다. 십자가에서 나타난 사랑에 의해 하나님의 생명으로 끌려들어가는 것이다. 우리의 구원은 하나님의 몸, 하나님의 육화된 기억의 일부가 된다는 것, 그 이상도 그 이하도 아니다. 이를 통하여 세상은 우리가 망각되지 않는 것을 보장받으려고 하는 열병과 같은 그리고 극단적인 열망으로부터 구원받았음을 알게 될 것이다.

여기서, 곧 이 십자가에 처형당한 메시아에게서 우리는 태양과 별을 움직이는 사랑을 본다. '예수님과 함께' 라는 말은 우리가 '우주에서 길을 잃어버린 것' 이 아니라는 사실을 의미한다. 오히려 우리는 믿음으로 하나님이 다름 아닌 나사렛 예수님에게서 발견되는 분이라는 사실을 확신하고 인식하며 살 수 있는 것이다. 우리가 그 강도보다 더 알 필요가 있다고 어떻게 주장할 수 있겠는가? 우리에게도 강도와 마찬가지로 가치 있는 단 하나의 '기억하기'(remembering)는 예수님에 의해서 기억되는 것이라는 희망과 확신을 가지고 살 수 있다.

■ 세 번째 말씀 ■

“여자여 보소서 아들이니이다…
보라 네 어머니라.”(요 19:26~27)

단테는 마리아를 '처녀 어머니, 당신 아들의 딸' 이라고 불렀다. 단테가 기술한 '당신 아들의 딸' 이란 표현은 예수님이 십자가에서 마리아를 부르신 것이 단순히 어머니의 안녕을 염려하는 아들의 애뜻한 마음을 보여주는 것에 불과하다는 모든 가정에 도전한다. 예수님이 '자신이 사랑하던 제자' 에게 마리아를 돌볼 것을 당부함으로써 그녀가 안전하게 보호받도록 신경 썼을 수도 있고 아닐 수도 있다. 하지만 우리는 이 십자가의 말씀이 요한복음에 있다는 점을 기억해야 한다. 요한 복음서에서 예수님은 가나의 결혼식장에서 포도주가 떨어졌을 때 "여자여 나와 무슨 상관이 있나이까 내 때가 아직 이르지 아니하였나이다"(요 2:4)라고 자신의 어머니께 퉁명스럽게 반응했다. 예수님은 자신의 어머니에게 '여자' 라고 호칭했는데 이 호칭은 남편을 다섯이나 둔 사마리아 여인이나(요 4:21), 간음하다 잡힌 여인에게(요 8:10) 사용했던 것과 동일한 용어이다. 가나의 결혼식장과 십자가에서 어머니에게 '여자' 라고 호칭했다는 점은, 적어도 이 말이 자신의 '어머니' 에 대한 감정적 호소가 아니었음을 시사한다.

그리스도인들이 가정생활에 헌신적이기 때문에 기독교가 매우 중요하다고 하는 최근의 널리 퍼진 가정에도 불구하고 어떤 복음서도 예수님을 가정 친화적인 인물로 그려내고 있지 않다는 점이 인정되어져야 한다. 마가복음에서, 예수님은 그의 어머니와 형제들이 "밖에서 [그를] 찾는다"고 전해 들었다. 이에 예수님은 "내 어머니와 내 동생들을 보라 누구든지 하나님의 뜻대로 행하는 자가 내 형제요 자매요 어머니이니라"(막 3:34~35)고 대답한다. 우리는 또한 예수님이 "무릇 내게 오는 자가 자기 부모와 처자와 형제와 자매와 더욱이 자기 목숨까지 미워하지 아니하면 능히 내 제자가 되지 못하고"(눅 14:26)라고 한 발언을 잊어서는 안 된다. 예수님을 아이들을 좋아하는 '정상적인' 사람으로 만들려는 갈망으로 인해 우리는 예수님이 결코 결혼한 적이 없었으며 또한 자녀가 없었다는 사실을 망각하고자 하는 유혹을 받는다. 예수께서 자신에게 나아오는 아이들을 천국을 드러내는 것으로 환영했다고 하는데 이는 다른 이유에서가 아니라 곧 아이들은 자녀가 없기 때문일 것이다.

나는 예수께서 십자가에서 자신의 어머니를 불경스럽게 부른 것을 문제 삼으려고 예수님의 반-가족적 발언에 초점을 맞추는 것이 아니다. 우리는 마리아가 단지 또 하나의 어머니가 아니라는 점을 인정할 때만, 나는 예수께서 마리아를 사랑하는 제자에게 부탁한 것과 동시에 사랑하는 제자에게 마리아를 자신의 어머니처럼 모시라고 맡긴 것을 올바로 이해할 수 있다고 생각한다. 사실 마리아는 새로운 창조의 첫 번째 열매이다. 가브리엘에게 "제가 여기 있습니다"라는 마리아의 반응이 없었더라면 우리의 구원은 존재하지 못했을 것이다. 칸탈라메사(Raniero Cantalamessa)가 마리아에 관한 그의 책 제목을 「마리아: 교회의 거울」(*Mary: Mirror of the Church*)이라고 정했을 때 그것은 매우 탁월한 것이었다.

그뿐 아니라 칸탈라메사는 신약에서 예수님이 종종 새 아담, 새 모세, 혹은 새 다윗으로 지칭되는 반면, 한 번도 새 아브라함으로 지칭된 적이 없다는 놀라운 관찰을 하였다. 그는 예수님이 아브라함과 관련되지 않은 이유가 매우 단순하다고 주장했다. 바로 마리아가 우리의 아브라함이기 때문이다. 아버지의 고향을 떠나 새 땅으로 가라는 하나님의 부름에 아브라함이 저항하지 않았듯이, 마리아 역시 자신이 성령의 능력으로 아이를 가질 것이라는 신의 선포에 저항하지 않았다. 아브라함의 믿음은 마리아의 "제가 여기 있습니다"의 전조가 된다. 왜냐하면 우리가 믿음을 통해 아브라함의 자녀인 것처럼 우리는 또한 마리아의 믿음을 통해 그리스도 안에서 시작된 새로운 시대의 자녀가 되기 때문이다.

하나님은 이삭을 죽여서 피를 흘릴 수도 있었던 아브라함의 손을 제지시키셨다. 하지만 성부께서는 마리아의 아들이 희생되는 것을 제지하지 않으신다. 예수님이 마리아에게 "보소서, 당신의 아들이니이다"라며 말씀하신 것은 그녀에게 우리를 살리기 위하여 자신의 몸에서 난 사람이 희생될 것을 지켜보라고 부탁하는 것이다. 니사의 그레고리(Gregory of Nyssa)가 말한 것처럼 "이 신비를 들여다보면, 그의 죽음은 그의 탄생의 결과라고 말하기보다, 그가 죽을 수 있도록 탄생이 이루어졌다고 말할 수 있다." 이삭의 희생을 명령함으로써 하나님이 아브라함을 시험했을 때, 아브라함의 "제가 여기 있습니다"라는 응답은 이삭의 죽음으로까지 이어지지 않았다. 하지만 마리아의 "제가 여기 있습니다"라는 응답은 자신의 아들이 십자가에서 죽기 위해 태어난 자가 되는 것을 막지 못했다.

히브리서 11장은 우리의 선진들이 '믿음으로' 살았다는 것을 우리에게 상기시킨다. 하지만 이스라엘의 진정한 딸인 마리아는 이스라엘의 어떤 인물도 받지 않았던 시험을 받았다. 즉 "보소서, 당신의 아들이니이다"라는 예수님의 말씀은 마리아에게 아들이 제물로 바쳐지는 것을 지켜보라는 것이다. 십자가라는 어두움에 들어가는 것을 목격하라는 것이다. 하지만 동시에 그녀가 성령으로부터 받은 약속을 굳게 잡으라는 것이다. 그녀는 성령으로부터 이 아이가 교만한 자들을 흩어버릴 것이고, 권력자들을 보좌에서 끌어 내리며, 굶주린 자를 좋은 것으로 먹이고, 아브라함과 그의 후손들에게 행한 약속을 성취할 것이라는 말을 들었다. 그녀의 아들, 곧 메시아는 십자가 위에서 이 모든 것을 이루실 것이다.

예수님은 마리아에게 '자신이 사랑하는 제자'를 그녀의 진정한 가족으로 여겨달라고 당부한다. 제자들을 교회로 이끌면서 마리아는 자신의 믿음을 나누고 우리의 믿음을 가능케 한다. 바로 이 순간에 십자가의 발치에서 우리는 교회의 시작을 통한 구원의 신비 가운데로 인도된다. 마리아, 새 이브는 우리를 위해 새로운 현실의 첫 열매, 새 가족의 새 열매, 오직 하나님만이 창조할 수 있는 첫 열매가 된다. 어거스틴은 우리 없이 우리를 창조한 하나님은 우리 없이 우리를 구원하길 거부하신다고 잘 보았다. 마리아는 그 '우리'의 첫 위대한 대표자이다. 따라서 유대인 마리아는 독자적인 방식으로 우리를 위하여 우리 믿음의 선구자가 되었다. 그리하여 이스라엘에 대한 하나님의 약속이 없다면 우리의 믿음도 헛되다는 사실을 그리스도인들이 절대로 잊을 수 없게 하였다. 그리스도인들이 우리의 구원에 있어 마리아의 역할을 억누른다면 우리는 하나님이 그분의 백성인 유대인들에게 여전히 신실하시다는 사실을 망각하게 되는 유혹에 빠진다. 마리아에게서 태어난 우리의 구세주는 유대인들과 마찬가지로 우리를 십자가에서 찢기신 자신의 육체를 바라보도록 요구하시는 전능자에 대한 믿음으로 살아가는 몸을 입은 존재로 만드셨다.

그러므로 예수님은 그 제자, 곧 당신이 사랑하던 제자에게 마리아를 예수님의 어머니로서가 아니라 '너의 어머니'로 인식할 것을 명령한다. 우리의 구원에 있어 마리아의 특별한 역할은 그녀가 교회로부터 분리되어 있음을 의미하지 않는다. 오히려 우리 구원에 있어 마리아의 역할이 독특한 이유는 사랑받는 제자와 함께 시작하여, 그녀가 교회의 구성원이 되었기 때문이다. 마리아는 우리 중의 하나이다. 즉 그녀와 우리 사이의 거리는 삼위일체와 우리 사이, 즉 창조주와 피조물 사이에 있는 그녀와 우리의 거리에 의해 형성된다는 것을 의미한다. 어거스틴은 다음과 같이 말했다. "거룩한 마리아여, 축복을 받을지어다. 하지만 교회는 처녀 마리아보다 중요하다. 그 이유는 무엇인가? 그것은 마리아가 교회의 일부이기 때문이다. 그녀는 거룩하고 뛰어난 지체이며 다른 모든 이 위에 뛰어나다. 하지만 전체 몸의 일부이다. 그리고 그녀가 전체 몸의 일부라면, 의심할 바 없이 몸은 지체보다 더 중요하다."

따라서 교회인 우리가 마리아의 가정을 구성한다는 사실을 결코 잊어서는 안 된다. 그런데 이 집은 안전을 약속하지 않는다. 오히려 하나님의 백성이 되기 위하여 열방으로부터 부름을 따라 백성이 되어야 하는 지속적 도전을 약속한다. 이 백성은 전능자에 대한 믿음으로 구성된다. 그분은 폭력을 통한 승리를 거부하셨다. 폭력은 세상이 어떤 제한적 선을 성취하기 위해, 그리고 우리가 이 땅에서 기억될 것을 보증하기 위해 사용될 수 있다고 믿는 유일한 도구이다. 선의 이름 아래 사용되는 폭력을 거부한다고 해서 마리아의 승리의 노래가 주목한 사람들, 즉 가난하고 힘없는 사람들을 이 백성들이 잊을 수 있는 것은 아니다. 오히려 이런 백성들은 마리아처럼 희망으로 살아야 함을 의미한다. 이 희망은 마리아와 함께 그녀 아들의 십자가 밑에서 끈기있게 기다린다.

만일 삼위일체의 제2위가 아닌 분이라면, 그리고 우리의 죄를 용서할 권능을 가진 유일한 분이 아니라면, 부정과 폭력으로 만연한 세상에서 마리아가 만들어낸 인내는 절대적인 어리석음이 될 것이다. 그렇기 때문에 우리는 십자가상에서 하신 이 말씀이 하나님의 아들의 말씀임을 잊지 않는 것이 중요하다. 성자께서 십자가에서 행한 사역이 성령을 통하여 우리를 하나님의 백성의 대열에 합류하게 한다. 하나님이 우리를 기억하신다. 우리는 죽음의 공포에 의해 굴러가는 세상에 대안이 있음을 알릴 수 있다. 우리는 자주 우리가 하나님의 일원으로 받아들여졌다는 사실을 잊고 산다는 점을 고백한다. 그렇기에 우리는 '찬양받을 마리아여, 은혜가 충만한 마리아여, 우리를 위해 기도해 주소서' 라고 기도하는 것이다.

■ 네 번째 말씀 ■

"나의 하나님, 나의 하나님,
어찌하여 나를 버리셨나이까."(마 27:46)

폴란드 태생의 조셉 콘라드(Joseph Conrad)가 쓴 소설 「어둠의 심장」(*Heart of Darkness*)에서 커츠(Kurtz)가 외치는 "공포! 공포!" 라는 울부짖음은 우리의 영혼을 오싹하게 만든다. 지난 세기를 살아남은 우리는 공포가 무엇인지를 잘 알고 있다고 믿는다. 제1, 2차 세계대전이나 대표적 나치 수용소인 아우슈비츠, 다카우, 트레블링카, 그 외에도 르완다 학살, 히로시마의 원폭투하, 2001년 9월 11일의 사건들이 있다.

죽음에 대한 이름들과 끊임없는 죽음이 우리의 역사를 수놓았다. 우리가 무엇인가를 알고 있다면 그것은 죽음이라고 말할 수 있다. 피상적인 것임이 분명한 우리의 삶에 어둠이 숨어 있다. 우리는 죽음에 적셔진 시간의 어두움을 부인하도록 계산된 삶을 살 뿐이다.

따라서 십자가 위의 예수님의 말씀 가운데 우리가 "나의 하나님, 나의 하나님, 어찌하여 나를 버리셨나이까?"와 가장 공감할 수 있다는 사실은 놀라운 일이 아니다. 우리는 버림받는다는 사실이 무엇을 의미하는지 어느 정도 이해할 수 있기 때문이다. 우리의 삶을 둘러싼 공포 앞에서, 하나님은 침묵하신다. 극도의 치욕감 속에서 좌절감을 토로하는 예수님의 모습에(하나님과 특별한 관계가 있다고 생각했는데) 좀 당황스럽지만, 그럼에도 불구하고 우리는 버림받은 사실에 대한 울부짖음 속에서 위안을 찾을 수 있다. 하나님은 우리의 고통을 분명히 이해하실 것이다. 아마 하나님도 우리와 함께 고통을 받으실 것이다. 누군가가 심지어 하나님조차도 우리의 고통에 대해 아무 일도 하실 수 없음이 분명하다면 그 점이 위로가 된다고 말했지만, 우리가 이런 생각을 즐기기 시작할 수 있다는 사실은 단지 이 모호하고 치욕적인 십자가에 매달린 사람이 하나님이시라는 사실을 믿기 거부하거나, 아니 믿을 수 없다는 것을 암시하는 것과 같다. 이분이 하나님이라는 사실은 "나의 하나님, 나의 하나님, 어찌하여 나를 버리셨나이까?"라는 말씀이 우리가 우리 자신에게 그리고 서로에게 지우는 공포를 묘사하는 것이 아님을 가르쳐준다. 예수님의 말씀은 모든 것이 끝난 다음에 우리 모두 죽을 것이라는 생각에 의해 만들어진 두려움을 표현하고자 하는 것이 아니다. 오히려 만일 우리가 이 말씀의 능력을 이해하고자 한다면, 그리고 시편 22편으로부터 나온 이 말씀을 이해하고 싶다면, 이 말씀에 이끌려 이스라엘의 주님이신 분의 신비로운 내면의 삶으로 들어가야만 한다.

시편이 유대인과 그리스도인 모두에게 필요한 기도에 대한 책이라는 사실은 우연이 아니다. 우리가 시편을 사용하여 기도하는 이유는 시편이 우리의 종교적 경험을 표현하기 때문이 아니다. 물론 가끔 그런 경우도 있지만 오히려 시편을 활용하여 기도함으로써 우리의 삶이 형태를 갖추기 때문이다. 하지만 사실 오직 한 가지 삶, 곧 예수님의 삶만이 시편이 형성하기를 의미했던 완벽한 기도가 되었다. 유대인 마리아를 돌보도록 임무를 부여받은 자로서 우리가 이 말씀이 이스라엘이 오랫동안 갈망해 왔던 분의 기도라는 사실을 잊는다면, 우리는 십자가상의 이 말씀에 의한 바른 삶의 형태를 찾을 수 없다. 오직 이스라엘 같은 민족만이, 그리고 하나님의 소유된 민족만이 하나님에 의해 버림받는다는 것이 무엇을 의미하는지 알 수 있다. 이 외침은 일반적인 유기의 부르짖음이 아니다. 이 외침은 오랫동안 고대해 온 메시아의 외침이다. 우리를 대신하여 희생된, 그리하여 희생의 목적이 되어버린 분의 외침인 것이다.

이 외침은 다름 아닌 하나님의 삶인 사랑을 다채로운 색상으로 나타내 보인다. 이것은 예수 그리스도 안에 있었던 사랑이다.

그는 근본

　하나님의 본체시나

하나님과

　동등됨을 취할 것으로

　여기지 아니하시고

오히려 자기를 비워

　종의 형체를 가지사

　사람들과 같이 되셨고

사람의 모양으로 나타나사

　자기를 낮추시고

　　죽기까지

　복종하셨으니

　곧 십자가에 죽으심이라(빌 2:6~8).

예수님이 배신당하신 일, 예수님이 죽기까지 순종하신 일, 예수님이 유기 가운데 울부짖은 일은 우리가 삼위일체라고 부르는 신비의 역사가 아니라면 아무런 의미가 없다.

이것은 하나님께서 하나님이 아닌 다른 존재가 되려고 했다는 것이 아니라 오히려 여기서 우리는 항상 동일하게 존재하셨던 하나님을 증언하는 것이다. 콘스탄티노플에서 있었던 2차 공의회에서 고백한 것처럼 "삼위일체 중 한 분이 육체 가운데 고통을 당하신 것이다." 태초부터 계시던 말씀, 하나님과 함께 계시던 말씀, 세상의 모든 것을 존재하게 한 그 말씀, 우리의 육체를 입은 말씀, 죽기까지 고통을 당한 그 말씀은 곧 하나님이다. 십자가는, 그리고 버림받음의 외침은 하나님이 하나님이 아닌 다른 어떤 것이 되려고 하는 것이 아니다. 또한 하나님이 자신을 소외시키는 행위가 아니다. 오히려 하나님의 '케노시스'(kenosis 비움을 뜻하는 그리스어. 신학적인 의미로는 그리스도의 신성 포기를 의미함-역주)의 본질, 즉 완전한 사랑을 통해서만 가능한 완전한 자기 비움인 것이다.

'하나님이 고통을 당할 수 있을 때만 사랑할 수 있다'는 주장과는 반대로 하나님이 삼위일체일 때만, 즉 하나님이 완벽하게 자신을 줄 수 있고, 완벽하게 동일한(self-same) 기뿐일 때만, 그분은 우리 중의 하나와 같이 고통을 당할 수 있다. 핸비(Michael Hanby)에 따르면, 하나님께서 오직 하나님이시기에, 변함이 없으며 언제나 신실하신 하나님이시기에, 성자께서 하나님으로부터 궁극적으로 소외된 우리의 자리까지 도달하시기 위해 우리 손에 넘겨지실 수 있는 것이다.

발타자르(Hans von Balthasar)는 다음과 같이 표현했다.

> 동시에 하나님 아버지는 그분의 아들을 넘겨 준다('그의 아들을 아끼지 않으셨다'). 그것은 우리에 대한 그분의 사랑 때문(롬 8:32; 요 3:16)이었지만 또한 그리스도의 우리에 대한 사랑 때문이기도 하다(롬 8:35; 갈 2:20; 엡 5:2). 그리스도가 아무런 이유 없이 자신을 내어 주심으로(요 10:18) 아버지의 무조건적인 사랑이 분명해진 것이다.

이것은 신에 대한 어떤 추상적 관념이 마음속으로 우리에게 최고의 관심을 갖는 것처럼 실증하려는 무덤덤한 쇼가 아니다. 어찌 아니다 뿐이겠는가! 이것은 아버지가 의도적으로 그분의 그리스도를 치명적 운명에 맡기는 것이다. 그리하여 우리의 운명이 죽음에 의해 결정되지 않게 된 것이다.

바로 여기서 우리는 윌리엄스(Rowan Williams)가 말한, '분명하고 상상할 수 없는 하나님의 질적인 차이(differentness)'를 목격하게 된다. "나의 하나님, 나의 하나님, 어찌하여 나를 버리셨나이까?"라는 외침은 하나님을 인간적 관점으로 이해하려는 우리의 모든 시도를 산산조각 내버린다. 예를 들어, 우리는 하나님을 초월하시는 분이라고 찬양한다. 하지만 아이러니하게도 우리는 우리가 갖는 초월성의 개념으로 하나님을 우리의 마음속에 가둔다. 예수님의 유기의 울부짖음은 하나님에 대한 우리의 개념, 즉 하나님은 전능한 능력을 갖고 모든 것을 우리의 유익을 위해 변화시키실 것이라는 가정이 사실상 우상 숭배였음을 폭로한다. 우리가 가정하는 신은 단지 우리가 어떤 목적을 위해서 사용하는 이름에 불과하다. 우리가 맹목적 운명이라고 달리 생각하는 것도 십자가상에서 나온 이 말씀 안에서 무너진다.

십자가상의 이 말씀은, 그리고 십자가 자체는 적어도 우리가 이해한 모든 능력의 흔적이 사라질 때에 하나님을 찾을 수 있음을 의미한다. 성령의 권위적 증거는 모든 형태의 인간적 권위가 사라질 때 가장 뚜렷이 드러날 수 있음을 보여 준다. 그리고 우리 하나님의 능력과 권위가 사망의 선고를 받은 이 죄수를 통해 명백히 실증될 수 있음을 보여 주는 것이다. 빌라도 앞에서 침묵한 예수님은 그 사건 자체를 통해서만 이해될 수 있다. 즉 예수님은 세상이 이해하는 권력과 권위의 방식을 받아들이길 거부한 것이다. 진실로 우리는 빌라도와 함께 서 있다. 우리는 하나님에 대한 우리의 이해를 포기하길 원치 않는다. 우리는 예수님이 버림당한다는 사실을 원치 않는다. 왜냐하면 버리고 버림받는 자가 하나님이라는 사실을 인정하길 원치 않기 때문이다. 우리는 이 울부짖음을 '설명'하고 싶어 한다. 하나님께서 하나님이 되시면 바보가 된다고 생각하여 하나님을 구하고 보호하려 한다. 그러나 하나님을 보호하려는 우리의 시도는 폭력으로 우리를 구원하길 거부하는 하나님이 얼마나 두려운 분인지를 드러낸다.

하나님이 가장 잘 드러날 때는 그분이 우리로부터 가장 멀리 숨어 있는 것처럼 보일 때이다. 데이빗 하트(David Bentley Hart)는 "그리스도의 순간, 절대적으로 가장 특별한 순간, 십자가에 의한 절대적 버려짐의 순간은 하나님의 영광이 세상의 눈앞에 펼쳐지는 순간이다. 그리고 하나님의 영광이란 그분의 능력이 있어야 할 곳, 나타나야 할 시간에 존재하는 것이다."고 말했다. 여기서 그리스도 안에 있는 하나님은 우리의 죄가 그분과 우리와의 관계를 결정하도록 허락하지 않는다. 하나님이 우리를 사랑하신다는 말은 자신의 피조물인 우리를 창조할 때 보여 주신 사랑으로부터 우리를 소외시키려는 일체의 것을 그분이 배격하실 수 있음을 의미한다. 예루살렘의 키릴(Cyril)은 예수님이 아버지를 '나의 하나님' 으로 부른 것은 우리를 위해, 우리를 대신하여 그렇게 하신 것이라고 간파하였다. "나의 하나님, 나의 하나님, 어찌하여 나를 버리셨나이까?" 이 말씀을 들어보

라. 그리고 하나님의 아들이 우리를 대신하여, 우리를 위하여, 우리가 저지른 죄 때문에 버림받으셨다는 것을 알라. 이제 우리는 세상이 십자가에 의해 구원받았다는 확신을 가지고 살 수 있다.

이렇게 구원받았음을 생각할 때, 하나님이 우리를 대신하여 자신의 아들을 희생시키심으로써 추상적인 의미의 의를 어떻게든 이루셔야 한다는 식으로 십자가를 설명하는 것은 분명히 잘못된 것이다. 사실 이런 설명은 위험할 정도로 그릇된 것이다. 아버지가 아들을 희생시키고 아들이 기꺼이 희생되는 것이 하나님의 의이다. 성부, 성자, 성령이 아니신 하나님은 없는 것과 마찬가지로 우리가 살기 위하여 만족시켜야 하는 신은 없는 것이다. 우리가 살아남은 이유는 우리가 사라지는 것을 하나님이 거절하셨기 때문이다. "공포! 공포!"는 우리의 존재에 관한 마지막 말이 아니고, 또 그렇게 될 수도 없다. 마지막 말이 될 수 없는 이유는 아들이 죽기까지 순종하신 것이 다음을 의미하기 때문이다.

이러므로 하나님이
　　그를 지극히 높여
　모든 이름 위에
　뛰어난 이름을 주사
하늘에 있는 자들과 땅에 있는 자들과
　　땅 아래에 있는 자들로
　모든 무릎을
　예수의 이름에 꿇게 하시고
모든 입으로
　예수 그리스도를 주라 시인하여
　하나님 아버지께 영광을 돌리게 하셨느니라(빌 2:9~11).

■ 다섯 번째 말씀 ■

"내가 목마르다"(요 19:28).

"목마르다"라고 그리스도께서 말씀하신다. '목이 마르다?' 어떻게 삼위일체의 제2위 하나님께서 목이 마를 수 있단 말인가? 이 말씀은 분명 비유적으로 하신 말씀일 것이다. 하지만 만일 이 말씀이 단지 비유라면, 따라서 성자께서 삼위일체의 제2위이심에도 불구하고 단순히 우리와 공감하기 위해 그리고 우리의 유익을 위해 하신 말씀이라면, 십자가는 그저 잔인한 농담에 불과한 것이다. 결국 '목이 마르다'

라는 말씀에서 무엇을 얻을 것인가?

요한은 이 말씀이 성경 말씀을 이루려고 하신 것이라고 적고 있다. 시편 22:14~15을 보자.

> 나는 물 같이 쏟아졌으며
> 내 모든 뼈는 어그러졌으며
> 내 마음은 밀랍 같아서
> 내 속에서 녹았으며
> 내 힘이 말라 질그릇 조각 같고
> 내 혀가 입천장에 붙었나이다.
> 주께서 또 나를 죽음의 진토 속에 두셨나이다.

누군가 해면에 적신 신포도주를 우슬초 가지에 꿰어 예수님의 갈증을 해소시키려 했다. 이것은 시편 69:21을 떠오르게 하는데 여기에는 음식으로 쓸개를, 목마름에 포도주를 가져다 주었다고 말한다.

의심할 바 없이 이 시편들이 십자가 처형을 목격한 사람들의 기억을 재현했다. 하지만 이것이 예수님이 실제로 목이 마르지 않았다거나, 고통을 당하지 않았다는 의미가 아니다. 시편이 묘사한 것과 같이 예수님은 목이 말랐고 고통을 당했는데 이것은 예수님이 이스라엘의 아들이라는 사실을 상기시키는 것이다. 이스라엘의 고통, 이스라엘의 버림받음은 예수님의 십자가에서 절정에 이르렀다. 마침내 이 '목이 마르다'에서 우리는 이스라엘의 그리스도가 시달린(Christ-haunted) 고통의 종말을 본다.

하지만 우리는 이스라엘이 목마르다는 것과 예수님이 목마르다는 사실이 완전히 별개가 아닌가라는 생각을 계속 품게 된다. 성경의 말씀이 이루어져야 한다는 말은 무슨 의미인가? 예수님의 혀가 '입천장에 붙지' 않는단 말인가? 분명 그는 목이 말랐다. 하지만 우리는 계속 의구심을 품는다. 십자가를 통해 가해진 모든 육체적 학대 가운데 유독 목마름만 두드러지는 이유는 무엇인가?

이 말씀이 요한복음에 있다는 점을 유의하자. 요한복음에서 예수님이 사마리아 여인에게 물을 달라고 요청했을 때,

유대인은 사마리아 사람에게 물을 달라고 요청해서는 안 된다는 말을 들었다. 여인은 또한 예수님이 약속한 살아 있는 물이 매우 비현실적이라고 대답했다. 예수님은 물을 길을 그릇도 없기 때문이다. 예수님은 이 우물에서 물을 마시는 사람은 다시 목마를 것이지만 "내가 주는 물을 마시는 자는 영원히 목마르지 아니하리니 내가 주는 물은 그 속에서 영생하도록 솟아나는 샘물이 되리라"(요 4:14)고 대답하셨다.

만일 예수님이 이 살아 있는 물이라면, 어떻게 십자가상에서 '목이 마르다' 라고 말할 수 있단 말인가? 이 말은 우리가 요한복음에서 발견하는 예수님의 본질과는 매우 거리가 멀게 느껴진다. 예수님은 '나는…이다' 라고 되풀이하였다. '나는 생명의 떡이다'(요 6:35), '나는 세상의 빛이다'(요 8:12), '나는 선한 목자다'(요 10:11), '나는 참 포도나무이다'(요 15:1). 이토록 확신에 차 있고 주도권을 완전히 장악하고 있는 것 같아 보이는 예수님이 어떻게 목마를 수 있단 말인가?

나는 우리들이, 즉 현대적 감수성을 지닌 사람들이 예수님이 목말랐을지도 모른다는 생각을 더 선호한다고 인정하는 것이 중요하다고 생각한다. 우리는 만일 십자가 앞에 있었더라면 분명 뭔가 마실 것을 그분에게 제공하길 원했을 것이라고 생각한다. 반면에 예수께서 하신 '나는…이다' 라는 말씀은 너무 자아몰입적인 것 같아 보인다. 우리는 예수님이 모든 면에서 좋은 사람이길 아주 간절히 원한다. 하지만 요한복음을 보면 그는 우리와는 너무 다르게 '목표 지향적이고 강한 추진력을 가진 것처럼' 보인다. '목이 마르다'는 말씀은 적어도 예수님이 평범하고, 인간적 측면을 가지고 있었다는 어떤 표지다.

마태와 마가복음에서는 예수님이 목이 마르다고 하신 것과 그의 유기의 외침을 쉽게 이해하지 못한 것으로 기술한다. 어떤 이들은 예수님이 엘리야가 와서 구해주기를 요청한다고 추측했다. 엘리야는 죽지 않고 하나님께 끌려 올라갔다. 따라서 예수님과 그분이 하는 일에 대한 놀라운 주장을 감안할 때, 예수님 역시 죽지 않고 하늘로 올려 갈 것이라고 생각되었다. 하지만 돌이켜 보면 우리는 예수님이 죽어야만 한다는 사실을 알고 있기 때문에 메시아가 오기 전에 엘리야가 먼저 와야 한다고 추정했던 사람들보다는 상당한 우월감을 느낄 수 있다. 예수님이 죽을 것이기 때문에 그분이 목마를지도 모른다고 생각하는 것은 어렵지 않다. 하지만 나는 예수께서 '목마르다' 고 하신 말씀을 그의 '인간성' 을 나타내는 것으로 이해하려는 시도 역시 엘리야에 대해서 거론된 다양한 이론들의 관점에서 예수님을 가장 잘 이해할 수 있다고 주장하는 사람들과 별 다를 바 없을 것이라고 우려한다.

사실 '목이 마르다' 는 말씀은 우리를 성육신의 본질적 신비 속으로 이끌어간다. 하지만 '성육신' 이라고 말하는 것이 십자가에서 예수님이 '목이 마르다' 고 말한 의미를 '설명' 하지는 않는다. 사실 우리의 믿음, 삼위일체, 그리고 성육신이라는 이 위대한 교리들이 설명될 수 있다고 생각한다면 그것은 오산이다. 이 교리들은 문자 그대로 신비를 지시하는 이름에 불과하다. 신비란 모든 사람들이 볼 수 있게끔

열어놓은 것을 이름 붙인 것이지만, 여전히 우리는 그리스도 안에서 기록되어진 구원을 이해할 수 없는 것이다. 윌리엄스(Rowan Williams)는 우리가 '삼위일체'와 '성육신'을 설명하고 싶은 유혹에 빠진다고 지적한다. 그 이유는 인간 세상에서 이것들이 실제로 가리키는 심오하고 두려운 차이점이 얼마나 큰지 잊기 위해 우리 외부에 존재하는 어떤 것을 '믿기' 원하기 때문이다. 대주교 윌리엄스에 따르면, 교리의 핵심은 우리를 침묵하게 만들고, 우리 내부에 심연을 창조하는 것임을 잊어서는 안 된다. "이 심연이야말로 우리가 스스로에 대해 생각하고 행동하는 방식에 대해 급진적인 변화를 줄 수 있는 공간이다."

'성육신'이 단지 신념들의 체계에 대한 이름이라고 할 때, 예를 들어, 우리는 '목이 마르다'는 발언이 '참 하나님이고 참 인간'인 그분의 '참된 인간성'에게서 나왔음이 분명하다고 생각하려는 유혹을 받는다. 예수님이 완전한 하나님이고 동시에 완전한 인간이라는 개념을 50 퍼센트는 하나님이고 50 퍼센트는 완전한 사람인 것처럼 생각하는 것이다. 즉 예수님은 반은 하나님이고 반은 사람이어야 하는 것이다. 하지만 '성육신' 이란 고백 안에서 교회는 그러한 분리를 거부한다. 예수님은 100 퍼센트 하나님이고 동시에 100 퍼센트 인간이라고 주장하는 것이다. 한 분의 하나님이신, 곧 완전한 하나님이고 완전한 인간이신 분이 목이 마른 것이다.

예수님이 목이 마르다는 사실은 또한 '성육신' 이 실질적이고도 특별한 삶을 지칭하고 있음을 보여 준다. 우리는 당연히 마리아의 발언, "당신의 뜻대로 내게 행하소서"에 경의를 표한다. 우리가 우리 주님의 수태와 탄생을 축하하는 일은 올바른 것이다. 만일 하나님이 마리아의 태중에 있지 않았다면 우리는 구원받지 못했다. 하지만 그렇게 수태된 분이 우리를 대신하여 역사하신 분과 동일한 분이다. 그분의 순종이 중요하다. 그리고 그것은 대가를 치르는 순종이다. 그분에게는 마셔야 하는 잔이 있는데, 그것은 죽음의 잔이다. 우리는 이 잔을 치워 달라는 겟세마네에서의 예수님의 기도뿐 아니라, 광야에서 마귀에게 시험을 받으며 지

불해야 했던 대가에 대해 알고 있다. 하지만 우리 삶에 있는 목마름으로부터 우리가 구원받기 위해 그 잔은 치워질 수 없다.

예수께서 하신 '목이 마르다'는 말씀에서 우리는 십자가로 구원하지 않으려는 신을 갖고 싶은 욕망과 다시 만나게 된다. 만일 십자가에서 고통 받는 분이 어떤 식으로든 하나님과 연관되어 있다면, 무엇인가가 남아 있어야 한다고 계속 희망한다. 무엇인가가 보류되어 있음이 틀림없다고 희망을 가진다. 즉 목이 마른 그 하나님이 십자가로부터 벗어날 방법을 찾을 것이라는 것이다. 분명 아들은 아버지가 아니다. 하지만 우리는 요한복음으로부터 아버지가 자신에게 주신 것이 "만물보다 크매 아무도 아버지 손에서 빼앗을 수 없느니라 나와 아버지는 하나이니라"(요 10:30)는 예수님의 확언을 잘 알고 있다. '삼위일체'는 성육신 속에 완전히 충만한 존재 이외의 다른 어떤 신을 가리키지 않는다. 반면 성육신이 없었더라면 우리는 성령을 통해서 성부의 성자에 대한 사랑을 알지 못했을 것이다.

아들의 사역, 성령을 통한 아들의 목마름은 다름 아닌 우리를 위한 아버지의 목마름인 것이다. 하나님은 우리가 하나님을 갈망하기를 간절히 원하신다. 우리는 "물이 없어 마르고 황폐한 땅에서"(시 63:1) 하나님을 향해 목마르도록 지음을 받았다(시 42편). 이러한 열망은 우리가 물을 찾듯 '물리적' 이거나 실제적인 것이다. 우리가 서로에 대해 목마르거나 하나님을 열망하는 것과 마찬가지인 것이다. 바로 이런 이유 때문에 우리가 어떻게 예수님을 섬길 수 있게 되었는지 묻는 자들에 대한 우리의 가장 분명한 대답은 단지 다음과 같다. "당신은 먹거나 마실 필요를 느끼지 않습니까?" 우리의 하나님, 우리의 목마른 하나님은 우리에게 다음과 같이 말하실 수 있는 분이다. "누구든지 목마르거든 내게로 와서 마시라 나를 믿는 자는 성경에 이름과 같이 그 배에서 생수의 강이 흘러나오리라"(요 7:37~38).

세례의 물을 통하여 우리는 세상을 위해 하나님의 몸이 되었다. 우리는 서로에게 목이 마르다. 그 이유는 세상이 구원받았고, 이 구원이 우리가 생존하기 위하여 물이 필요한 것처럼 실제적인 것임을 세상이 알도록 하기 위해서이다. 그 구원은 우리 주님의 살과 피 가운데 발견된다. 그분은 우리의 목마름을 영원히 해소시켜 주신다. 이렇게 해서 생기를 찾은 우리는 세상을 향해 하나님이 우리를 버리지 않으셨고, 따라서 그분의 약속을 신뢰할 수 있다고 증언할 수 있다. 시간이 없다고 믿는 세상에서 하나님의 왕국을 갈망하는 사람들을 우리가 돌보는 한 그 왕국은 존재할 것이라는 그분의 약속을 말이다.

▪ 여섯 번째 말씀 ▪

"다 이루었다."(요 19:30)

'다 이루었다'는 말은 단발성 외침이 아니다. 그것은 '난 끝장났다'는 말도 아니고, 가상칠언의 순서에 관한 전승으로 볼 때 예수님의 마지막 말씀도 아니다. '다 이루었다'는 승리의 외침이다. 이루려고 한 일을 완수했다는 승리의 선언인 것이다. 모든 것을 달성했다. 완료했다. 성취한 것이다.

더욱이 마무리 된 일은 십자가이다. 그는 부활할 것이고 부활하였다. 하지만 부활하신 분은 십자가에 못 박힌 분이다. 윌리엄스(Rowan Williams)는 파스칼이 했던 적나라한 발언을 인용한 적이 있다. "예수님은 세상의 끝 날까지 고통 가운데 있을 것이다." 이 진술은 우리가 두 시대 사이의 시간 가운데 살고 있다는 인식을 갖도록 한다. 즉 (하나님의) 왕국이 그리스도 안에서 시작되었지만, 세상의 끝이 올 때까지는 완성되거나 완벽해지지 않을 것이라는 것이다. 하지만 윌리엄스는 예수님의 지속적인 고통에 관한 파스칼의 언급이 믿지 않는 자들의 비참한 상황에 관한 주장이 아님을 분명히 했다. 파스칼의 진술은 오히려 그리스도를 믿는 우리들을 위한 간곡한 권고이다. 생각하건대 그것은 완전히 해결되지 못한 과거에 대해 향수를 갖지 말라는 것이다. 혹은 상상 속에서 순화된 어떤 미래로 도피하지 말라는 권고이다. 파스칼의 말은 오히려 우리더러 긴장으로 가득 찬 두 시대의 중간 지점에 머물며, 또한 '예수님께서 머물고 계시는 인내하기 어려운 현재라는 시간에 거하기 위해서' 우리의 무능력에 대해 항상 깨어 있으라는 권고인 것이다.

요한복음은 모든 복음서가 가정하고 있는 사실을 명백히 한다. 즉 십자가가 하나님의 패배가 아닌 승리라는 점이다. 요한복음을 보면 자신의 순종을 통하여 아버지의 이름이 거룩히 여김을 받으시게 해달라는 예수님의 요청에 대해 하늘로부터 목소리가 들려온다. "내가 이미 영광스럽게 하였고 또 다시 영광스럽게 하리라." 예수님은 이 목소리가 우리를 위한 것이라고 밝혔다. 그것은 우리가 "이제 이 세상에 대한 심판이 이르렀으니 이 세상의 임금이 쫓겨나리라 내가 땅에서 들리면 모든 사람을 내게로 이끌겠노라"(요 12:31~32)는 말씀을 이해하기 위해서이다. 여기서 '들린다'는 말은 십자가이다. 우리가 구원받기 위하여 아버지가 아들을 높이는 것이다.

더욱이 아들은 빌라도가 주장한 것처럼 유대인의 왕이다. 그의 왕권은 십자가 처형에 의해 지체되지 않았다. 오히려 십자가 처형은 이 왕이 통치하는 방식이다. 십자가 처형은 도래한 왕국이다. 이것은 오랫동안 고대해왔던 위대한 종말론적 순간이다. 여기서 이 세상의 권력은 영원히 전복된다. 이제 시간은 십자가에서 높임 받으신 예수님으로 말미암아 구원된다. 새로운 시대가 시작된 것이다. 여기서 왕국이 탄생하였다. 새로운 통치가 시작된 것이다. 예수님을 섬기고 따르는 자들을 위한 새로운 삶의 방식이 창조된 것이다.

창조라는 말은 여기서 완성된 사역을 묘사하는 정확한 단어다. 니콜라스 래쉬(Nicholas Lash)는 그의 책 「한 하나님을 믿는 세 가지 길」(*Believing Three Ways in the One God*)에서 5세기의 한 달력에 새겨진 진술을 소개하였다. 이 달력에 나와 있는 3월 25일은 제롬의 순교일로 지정되어 있었다. 이곳에는 "우리 주 예수 그리스도께서 못 박히시고 잉태되셨다. 그리고 세상은 만들어졌다"고 적혀 있다. 래쉬는 이 날을 기념하고 있다. 바로 십자가 처형의 날이다. 이 날은 하나님께서 모든 것을 살리신 날이다. 무에서(ex nihilo) 창조하신 날이다. 우리의 죄로 상처 난 세상에 집을 만드신 날이다. "처녀의 태에서 그리스도가 잉태되셨다. 저 세상을 위협하던 갈보리의 죽음에서, 생명은 빈 무덤으로부터 새롭게 태어났다. 그리스도의 공포는 하나님의 말씀이 인간의 연약함을 드러낸 것과 관련되어 있다. 하지만 이 연약함이, 이 복종이, 이 절대적 관계가 어둠으로부터 완성된 삶, 즉 죄의 용서를 이끌어 내었다."

성경은 창조의 여섯 번째 날에 대해 말한다. "하나님이 지으신 그 모든 것을 보시니 보시기에 심히 좋았더라."(창 1:31) 일곱 번째 날에 대한 언급은 이러하다. "하나님이 그가 하시던 일을 일곱째 날에 마치시니 그가 하시던 모든 일을 그치고 일곱째 날에 안식하시니라."(창 2:2) 따라서 일곱 번째 날은 거룩해졌다. 하지만 하나님의 일, 삼위일체의 일은 십자가상에서 완성되었다. 예수님의 위대한 선포인 '다 이루었다'에 의해 마쳐진 것이다. 그분의 삶, 그분의 죽음, 그분의 부활은 이레네우스가 주장한 것처럼 창조를 재현하는 것이다. 하나님과 이스라엘 사이의 언약을 갱신하는 것이다. 성육신 안에서 창조와 구원을 통일시키는 것이다.

요한복음은 다음과 같이 시작한다.

> 태초에 말씀이 계시니라 이 말씀이 하나님과 함께 계셨으니 이 말씀은 곧 하나님이시니라 그가 태초에 하나님과 함께 계셨고 만물이 그로 말미암아 지은 바 되었으니 지은 것이 하나도 그가 없이는 된 것이 없느니라 그 안에 생명이 있었으니 이 생명은 사람들의 빛이라 빛이 어둠에 비치되 어둠이 깨닫지 못하더라(요 1:1~5).

창조에는 목적이 있다. 창조는 완성되어야만 한다. 그리고 그 목적과 완성의 이름은 예수님이다.

죄는 예수님의 임무의 성격을 결정할 수 없다. 그가 우리의 구원을 위해 온 것은 맞다. 하지만 우리의 구원은 시간의 시작과 끝이라는 이 드라마의 한 장면에 불과하다. 로저스(Gene Rogers)는 그의 책 「성령 이후」(*After the Spirit*)에서 우리는 시작 시점에 의해 정의된 한 플롯을 '구원'이라 부른다고 암시했다. 우리는 노예 상태에서 시작했고 여기서 구원받았다. 하지만 절정이라는 플롯은 시작점이 아닌 끝점에 의해 결정된다. "완성은 기쁨으로 끝난다. 그 안에서, 그와 우리는 하나가 된다." 절정은 우리를 향한 하나님의 사랑, 하나님의 우정에 의해 가능한 기쁨이다. 예수님 안에서, 구원과 절정은 그분의 창조를 향한 하나님의 눈부신 사랑이라는 하나의 이야기 가운데 한 악장이 된다. 우리, 즉 이방인인 우리도 이스라엘의 구원에 포함된다는 사실은 단지 하나님의 사랑의 풍성함과 새 창조의 완성을 보여주는 신호인 것이다.

그러므로 '다 이루었다' 는 말씀은 기쁜 소식일 수밖에 없다. 이레네우스에게 있어서 예수님은 하나님이 우리를 위해 행하신 모든 일을 최후의 절정의 때까지 다시 행하시는 분이다. 이 말은 그리스도 안에서 그러한 재현이 이 세상에서 계속될 것을 의미한다. 그리스도의 몸인 우리는, 성령을 통하여 '완성된 것' 으로 판명되었다. 나는 이것이 아타나시우스가 언명했던 "하나님이 인간이 되신 것은 인간이 신이 되기 위해서이다"의 뜻이라고 믿는다. 즉 노이하우스(Richard Neuhaus)가 가상칠언에 관한 그의 책 「금요일 오후의 죽음」(*Death on a Friday Afternoon*)에서 묵상한 바와 같이, "다 이루었다. 하지만 끝난 것은 아니다"를 의미하는 것이다. 하나님은 우리를, 그분의 창조물들을 신성하게 만드는 일을 하고 계신다.

끝난 것은 우리 스스로 창조주가 되려는 헛된 시도이다. 포드(David Ford)가 말한 것처럼 십자가 사건은 우리를 압도한다. 우리는 하나님의 사랑에 압도당한다. 그 사랑을 통하여 우리는 존재하는 모든 것을 향한 하나님의 보살핌을 본다. 참 아름답다. 이제 우리는 평화롭게 살 수 있다. 폭력적인 세상에서 하나님의 화해의 사도가 될 수 있는 것이다. 우리가 그렇게 살 수 있는 이유는 우리가 세상의 문제에 대한 모든 대답을 갖고 있기 때문이 아니라, 하나님이 우리에게 대답 없이도 살 수 있는 길을 열어 주셨기 때문이다.

물론 그렇게 산다고 해도 우리는 여전히 고통을 당할 것이다. 하지만 고통을 통해서만 하나님의 왕국이 나타난다는 것을 알기에 이제 우리는 살 수 있다. 바울은 골로새 교회의 성도들에게 다음과 같이 썼다.

나는 이제 너희를 위하여 받는 괴로움을 기뻐하고 그리스도의 남은 고난을 그의 몸 된 교회를 위하여 내 육체에 채우노라. 내가 교회의 일꾼 된 것은 하나님이 너희를 위하여 내게 주신 직분을 따라 하나님의 말씀을 이루려 함이니라. 이 비밀은 만세와 만대로부터 감추어졌던 것인데 이제는 그의 성도들에게 나타났고 하나님이 그들로 하여금 이 비밀의 영광이 이방인 가운데 얼마나 풍성한지를 알게 하려 하심이라. 이 비밀은 너희 안에 계신 그리스도시니 곧 영광의 소망이니라(골 1:24~27).

바울은 십자가상의 예수님의 고통이 충분하지 않았기 때문에 자신이 계속 고통을 받아야 한다고 말하지 않는다. 그와는 반대로 십자가의 사역이 완성되었기 때문에 자신이 고통을 받을 수 있다고 말하고 있다. 그리스도는 승리하셨다. 십자가에서 우리는 보이지 않는 하나님의 모습을 본다. 그분 안에서 하늘과 땅의 모든 것, 보이는 것과 보이지 않는 것, 모든 권세와 통치, 지배자와 권력이 창조되었다. 그는 모든 것보다 먼저 계신 분이다. 그리고 그분 안에서 모든 것이 하나로 연결되어 있다. "그는 몸인 교회의 머리시라 그가 근본이시요 죽은 자들 가운데서 먼저 나신 이시니 이는 친히 만물의 으뜸이 되려 하심이요 아버지께서는 모든 충만으로 예수 안에 거하게 하시고 그의 십자가의 피로 화평을 이루사 만물 곧 땅에 있는 것들이나 하늘에 있는 것들이 그로 말미암아 자기와 화목하게 되기를 기뻐하심이라."(골 1:18~20)

하나님은 오직 자신만이 끝낼 수 있는 일을 완성하셨다. 그리스도의 희생은 모든 빚을 초과하는 선물이다. 우리의 죄는 소각되었다. 이제 하나님의 성령의 아름다움으로 우리의 삶은 빛나고 있다. 얼마나 놀라운 소식인가? '다 이루었다. 하지만 끝난 것은 아니다.' 왜 끝나지 않았는가? 그것은 하나님이 우리를, 교회를, '끝나지 않는 것' 으로 만드셨기 때문이다. 우리는 증인이 되었다. 그것은 세상, 즉 십자가에 못 박힌 하나님에 대해 시간을 낼 여유가 없는 세상으로 하여금 우리가 서로 평화롭게 살아갈 수 있는 하나님

왕국의 모든 시간을 언제나 소유하고 있다는 점을 알게 하기 위해서이다.

■ 일곱 번째 말씀 ■

"아버지 내 영혼을
아버지 손에 부탁하나이다."(눅 23:46)

"아버지 내 영혼을 아버지 손에 부탁하나이다"는 말씀은 죽음을 앞둔 수많은 그리스도인들에 의해 되풀이되어지고 있다. 나와 같은 성공회 신자들은 장례를 위한 전례문에서 고인을 향해, "오 자비로운 주여, 주의 손에 당신의 종을 맡깁니다!"라고 기도한다. 그리스도인들은 예수님을 본받아 이 말씀을 반복해 왔다. 그 이유는 죽음이 가리키는 미지의 세계에 직면할 때 이것이 위로의 말씀이 된다고 믿었기 때문이다. 이 말씀은 분명 위로를 주고 또 위로가 되어야 마땅하다. 하지만 이 말씀이 위로가 된다는 것 때문에, 우리는 죽음 직전에 나온 이 말씀으로 예수님이 지옥의 얼음처럼 차가운 침묵까지 포용하려 했다는 점을 놓쳐서는 안 될 것이다. 따라서 "아버지 내 영혼을 아버지 손에 부탁하나이다"는 말씀은 모든 면에서 버림받음에 대한 울부짖음의 말씀만큼이나 두려움을 느끼게 한다. 예수님은 자신을 위로하고 있지 않다. 그분은 오직 자신만이 할 수 있었던 마지막 일에 직면할 준비가 되어 있다는 신호를 아버지께 보내고 있는 것이다.

예수님은 십자가의 시간을 아버지께 기도하면서 시작하였다. 따라서 우리는 그분의 죽음이 다가올수록 예수님이 오직 하나님의 아들만이 할 수 있는 기도를 하고 있다는 점에 관하여 놀라서는 안 된다. 그는 아버지께 기도하는 것이다. 이 점은 우리가 예수님의 기도를 단지 모방만 할 수 있음을 상기시켜준다. 우리가 그분의 말씀을 되풀이할 수 있는 이유는 예수님이 그 누구도 모방하지 않았다는 사실에 있다. 예수님은 그리스도이다. 하지만 그리스도는 오직 한 분, 예수라고 불리는 사람 안에서만 발견된다. 만일 우리가 예수를 단지 타자의 유익을 위해 스스로를 희생한 보편적인 형태의 모델로만 간주한다면 예수님은 '그리스도의 형상' 이 아니다. 또한 그분의 죽음이 단지 우리 모두가 어떻게 죽어야 하는지를, 즉 우리가 죽음 앞에서 두려워할 것은 아무것도 없다는 확신 가운데 죽어야 한다는 점만을 의미한다면 예수님은 결코 '그리스도의 형상' 이 아니다. 이 죽음은 예수님의 실제적이고 구체적인 죽음이다. 지금까지 존재하였고, 존재하고 있고, 존재할 모든 이들의 구세주의 죽음이다. 그분은 우리의 손에 의해 죽음에 맡겨졌다. '이 말씀을 하시고, 숨을 거두셨다.' 죽었다. 예수님이 죽은 것이다.

우리는 요한복음 1장 18절에서 아들을 통하지 않고는 아무도 아버지를 볼 수 없다는 말을 듣는다. 그래서 발타자르는 "아들, 즉 아버지의 말씀이 죽을 때, 아무도 하나님을 볼 수 없다. 그분에 대해서 들을 수도, 그분을 얻을 수도 없다.

그래서 이날, 아들이 죽은 날, 즉 아버지에게 접근할 수 없는 날이 존재한다."고 상기시킨다. 이것이 공포이다. 아버지께서 침묵하신 것이다. 그분께 예수님은 자신을 맡겼다. 이것이 그가 유기의 울부짖음을 토로한 이유이다. 그가 자신을 아버지께 의탁한 이유는 우리를 위하여 죽음의 어두운 밤을 겪기 위해서이다. 예수님은 자신을 아버지께 의탁함으로써 우리를 위하여 하나님과 정반대가 되는 모든 것이 되었다. 그리스도는 그분의 삶에 의해 가능해진 구원이 창조한 '아니오'(No)가 되심으로 고통을 받는다. 그리스도가 없다면 어떤 지옥도 있을 수 없다. 즉 하나님으로부터 버림받음이 없는 것이다. 하지만 그리스도에 의해 만들어진 그 지옥도 그분이 우리를 위해 가지고 있는 사랑을 압도할 수 없다.

예수님은 실제로 죽었다. 그분은 성 토요일을 향해 가고 있다. 지옥은 긴장하게 될 것이다. 예수님이 스스로와 이웃에게서 소외되어 고독 속에 거하는 사람들에게 다가가신다. 그리고 하나님께서 그들의 삶의 침묵을 정복하실 것이다. 오직 참 말씀이신 예수님만이 말을 하기만 할 뿐 듣지는 못하는 사람들 사이에서 소통을 가능하게 하실 수 있다. 오직 하나님의 아들만이, 즉 완전히 죽음에 굴복하셨지만 그러나 죽음이라는 이름의 파괴에서 우리를 구원하신 하나님의 아들만이 이 임무를 완수하실 수 있다. 이를 위하여 하나님의 아들이 왔다. 베드로전서 4장 6절에 나타난 것처럼 우리의 본성을 취하셔서 복음의 선포를 가능케 하신 것이다. "이를 위하여 죽은 자들에게도 복음이 전파되었으니 이는 육체로는 사람으로 심판을 받으나 영으로는 하나님을 따라 살게 하려 함이라." 하나님의 아들이신 예수께서 이 위대한 일을 하셨기 때문에, 그분은 우리에게 계시록에서 다음과 같이 말씀하실 수 있다. "두려워하지 말라. 나는 처음이요 마지막이니 곧 살아 있는 자라. 내가 전에 죽었었노라. 볼지어다. 이제 세세토록 살아 있어 사망과 음부의 열쇠를 가졌노니."(계 1:17~18)

이 위대한 일로 말미암아 우리가 그분의 생명과 죽음 속으로 들어가는 세례가 가능해졌다. 스스로를 포기하고 자신의 영혼을 아버지께 맡김으로 예수님은 우리에게도 자신을 포기하고 '그의 죽음과 같은 죽음 가운데 그와 연합할 것'(롬 6:5)을 권유하며, 또 그것을 가능케 하신다. 세례를 통하여 우리는 그분의 죽음과 생명으로 인도된다. 우리는 하나님의 위대한 묵시적 드라마의 부분이 된 것이다. 이 우주적 드라마를 보면 온 땅이 어둠으로 덮여 있다. 태양이 그 모든 빛을 잃었기 때문이다. 성전의 휘장조차도 둘로 쪼개졌다. 그 이유에 대해 성경은 다음과 같이 말씀한다.

> 그리스도께서도 단번에 죄를 위하여 죽으사 의인으로서 불의한 자를 대신하셨으니 이는 우리를 하나님 앞으로 인도하려 하심이라 육체로는 죽임을 당하시고 영으로는 살리심을 받으셨으니 그가 또한 영으로 가서 옥에 있는 영들에게 선포하시니라 그들은 전에 노아의 날 방주를 준비할 동안 하나님이 오래 참고 기다리실 때에 복종하지 아니하던 자들이라 방주에서 물로 말미암아 구원을 얻은 자가 몇 명뿐이니 겨우 여덟 명이라 물은 예수 그리

스도께서 부활하심으로 말미암아 이제 너희를 구원하는 표니 곧 세례라 이는 육체의 더러운 것을 제하여 버림이 아니요 하나님을 향한 선한 양심의 간구니라 그는 하늘에 오르사 하나님 우편에 계시니 천사들과 권세들과 능력들이 그에게 복종하느니라(벧전 3:18~22).

그리스도는 자신이 모방할 그리스도가 없었다. 하지만 우리는 베드로전서와 시편에서 들은 것처럼 그분이 하신 일이 이미 예견되어 있었다는 사실을 알고 있다. "아버지 내 영혼을 아버지 손에 부탁하나이다." 시편 기자가 이미 이 말씀으로 기도하였다.

주는 나의 반석과
  산성이시니
  그러므로 주의 이름을 생각하셔서 나를 인도하시고
    지도하소서
그들이 나를 위하여 비밀히 친 그물에서

빼내소서

주는 나의 산성이시니이다

내가

나의 영을 주의 손에 부탁하나이다

진리의 하나님 여호와여

나를 속량하셨나이다(시 31:3~5).

오직 이 순간, 즉 예수님의 죽음으로만 시편을 기도하고 노래할 때 우리가 기도하고 노래하는 것이 무엇인지 이해하기 시작한다. 시편에서 우리는 다음과 같이 탄원한다.

여호와여 어느 때까지니이까

나를 영원히 잊으시나이까

주의 얼굴을 나에게서 어느 때까지 숨기시겠나이까

나의 영혼이 번민하고

종일토록 마음에 근심하기를

어느 때까지 하오며

내 원수가 나를 치며 자랑하기를
어느 때까지 하리이까(시 13:1~2)

성경 기자는 거짓말을 거부한다. 하나님과 이스라엘 사이의 언약이 이스라엘을 시험하고 있다. 이스라엘은 범죄하였고 심판을 받았다. 더 이상 어떤 환상도 남아 있지 않다. 시편 기자는 솔직하다. 하나님이 기억하지 않으시는 것이다. 하나님이 일을 바로잡지 않으시는 것이다.

여호와 내 하나님이여
나를 생각하사 응답하시고
나의 눈을 밝히소서.
두렵건대 내가 사망의 잠을 잘까 하오며
두렵건대 나의 원수가 이르기를 내가 그를 이겼다 할까 하오며
내가 흔들릴 때에 나의 대적들이 기뻐할까 하나이다(시 13:3~4).

하지만 성경 기자는, 그리고 이스라엘은 기뻐한다. 그의 대적이 승리하고, 질병이 위협하며, 자신의 자녀들이 고통을 받고, 죽음이 명백한 상황에서도 이스라엘은 기뻐한다.

> 나는 오직 주의 사랑을 의지하였사오니
> 나의 마음은 주의 구원을 기뻐하리이다.
> 내가 여호와를 찬송하리니
> 이는 주께서 내게 은덕을 베푸심이로다(시 13:5~6).

예수님은 세상을 위하여 아버지의 시편이 되었다. 이스라엘의 사그라지지 않는 희망, 곧 죽음과 죽음으로 인한 심판이 있어야만 하고 또 심판이 언제나 있다는 것이 결코 마지막 말이 아님을 성취한 것이다. 자이츠(Christopher Seitz)에 따르면, 하나님은 우리를 위하여 죽음이 되셨다. 그리하여 "하나님과 우리에게 보여 준 그분의 완벽한 계시 사이에 존재할 수 있다고 우리가 의심하는 모든 간격을 파괴시키셨다." 예수님은 자신을 완전하게 하나님께 맡기셨다. 죽음에 비참하게 던져진 것이다. 하지만 이를 통해 그가 약속한 민족인 이스라엘과 우리를 엮으셨다.

이스라엘, 그리고 유대인과 마찬가지로 우리도 박해를 받을 것이다. 우리도 고통을 받을 것이다. 우리도 죽을 것이다. 하지만 십자가에서의 예수님의 공로 때문에 우리는 죽을 때 확신을 가지고 기도할 수 있을 것이다. "아버지 내 영혼을 아버지 손에 부탁하나이다." 이런 기도는 우리에게 크리스티앙 드 세르주 같은 증인이 있기에 가능하다. 그는 자신의 몸으로 그리스도가 십자가를 통하여 승리했음을 상기시킨다. 그러한 기도가 가능한 이유는 강도에게 향한 그리스도의 약속이 또한 우리에 대한 약속이기 때문이다. 그 기도가 가능한 이유는 마리아가 "제가 여기 있습니다"라고 대답했기 때문이다. 그 기도가 가능한 이유는 예수님이 완전히 그리고 기꺼이 우리의 존재를 공유하셨다는 사실을 우리가 잘 알고 있기 때문이다. 우리의 죄가 요구하는 심판조차 감당하셨기 때문이다. 그러므로 오라! 가까이 오라! 두려워 말라! 와서 예수님의 십자가의 신비와 경이를 바라보라.

이 책에 사용된 그림에 대해

「십자가 위의 예수」를 통하여 나는 예수님에 대해 더 깊게 묵상할 기회를 가졌다. 사실 나는 십자가에 다가가는 것을 좋아하지 않았다. 종종 억지로 예수님의 십자가를 지고 가야 했던 사람 같은 느낌이 들 때도 있었다. 하지만 이제 계속 십자가로 가야만 함을 알게 되었다. 왜냐하면 그럴 때마다 조금씩 자유를 느끼기 때문이다. 따라서 이 책을 위한 작품을 만든 작가인 나의 작업은 일종의 영적인 수행이 었다. 관련 이미지를 찾고 정교화하는 작업을 통해 나는 실제로 하나님의 임재라는 더 깊고 깊은 바다로 내려갈 수 있었다. 하나님이 스탠리 하우어워스의 묵상을 통해 우리에게 주기 원하시는 말씀을 이 책에 삽입된 그림들이 더 분명히 나타내어 준다면 더 바랄 것이 없다고 생각한다. 이것이 나의 기도와 희망이다.

나 자신이 시각적인 사람인 관계로, 글자만 있고 그림이 없는 책을 보면 일단 현기증부터 난다. 시선을 집중하려고 애쓰지만 결국 어쩔 수 없는 그런 어지러움 말이다. 그래서 이 작업을 시작하면서 나는 하나님께 도움을 구하는 간단한 기도를 드렸다. 그 다음 한 번에 조금씩 읽어 나갔다. 그리고 그것을 반복해서 읽었다. 그러면서 표면 위로 떠오른 이미지 일부를 연필로 간단히 그리기 시작했다. 처음에 그렸던 것은 매우 조잡하고 엉성한 것이어서 사실 본문과 일치한다고 말할 수 없는 수준이었다. 예를 들어, 예수님이 목이 말라 울부짖었던 부분에 대해 내가 처음 그렸던 그림은 창끝에 놓인 포도주를 적신 스펀지였다. 하지만 하우어워스의 글을 묵상하면서 나는 예수님이 우리와의 관계를 열망하고 있다는 맥락에서 다시 생각하기 시작했다. 나는 그림이 스스로 새로운 길을 따라 발전하도록 했다. 새로운 조합과 다양한 구성을 시도하면서, 또한 영감을 얻기 위해 도서관에 가서 자료들을 찾거나 매우 비싼 예술사 책들을 빌렸다. 사실 진공 상태에서는 창작을 할 수 없다. 나는 영감을 주는 그림과 물건들을 내 주변에 둘 필요가 있었다.

이 그림들은 목판 인쇄 과정을 통해 만들어졌다. 이 과정은 조금 전에 말한 대로 연필 스케치부터 시작한다. 그런데 이런 스케치로부터 목판으로 옮겨가는 과정에는 일종의 신비로운 변환이 존재한다. 왜냐하면 재료가 완전히 달라지기 때문이다. 연필로 작업할 때는 단지 종이 위에 흑연을 가볍게 움직이다 보면 곧 완성된다. 하지만 목판 작업은 말 그대로 나무의 부드러운 표면 위에 조각하는 것으로, 나중에 잉크를 바르고 종이를 압착하여 본을 뜨는 것이다. 이 과정은 그림을 그리는 것보다 덜 직접적이고 덜 즉각적이다. 또한 조각칼이 나의 다듬는 손질을 거부하듯 재질의 특성을 따라 나뭇결로 움직이려 했다. 하지만 이런 것 자체가 최종 작품에 나름대로의 독특함을 더해 준다.

일단 손으로 그린 디자인을 완성한 다음, 그 그림을 흰색 색연필을 사용하여 표면이 검은 박달나무 합판 위에 옮겨 놓는다. 다음 과정은 원판을 조각하는 것인데 도드라진 표면에 잉크가 묻어 검은 색으로 인쇄되고, 나머지 부분은 나타나지 않게 된다. 만드는 과정은 이렇게 매우 간단해서 수천 년이나 변함없이 이어져 오고 있다. 그렇게 해서 나오는 어떤 작품은 원시적이게 마련이지만, 우리가 매일 홍수처럼 접하는 매끈한 이미지들 가운데서 때로는 두각을 나타내기도 한다.

이 작업에 함께하게 되어 영광스러웠다. 우리의 문화가 점점 더 시각화를 지향하게 됨에 따라, 언젠가는 옛날처럼 근사하게 장식된 그림으로 돌아가게 되는 건 아닐까.

릭 비어호스트(Rick Beerhorst)

참고문헌

Augustine, sermon 169, 11, 13.

Cantalamessa, Raniero. *Mary: Mirror of the Church*. Collegeville, MN: Liturgical Press, 1992.

Ford, David F. *The Shape of Living: Spiritual Direction for Everyday Life*. Grand Rapids: Baker, 1997.

Hanby, Michael. "War on Ash Wednesday: A Brief Christological Reflection." *New Blackfriars* 84/986(April 2003):168-78.

Hart, David. *The Beauty of the Infinite: The Aesthetics of Christian Truth*. Grand Rapids: Eerdmans, 2003.

James, William. *The Varieties of Religous Experience*. New York: Mentor, 1958.

Kiser, John W. *Monks of Tibbirine*. New York: St. Martin' s, 2002.

Lash, Nicholas. *Believing Three Ways in One God: A Reading of the Apostles Creed*. Notre Dame Press, 1993.

McCabe, Herbert, OP. *God Still Matters*. London: Continuum, 2002.

Neuhaus, Richard John. *Death on a Friday Afternoon: Meditations on the Last Words of Jesus from the Cross*. New York: Basic Books, 2000.

Rogers, Eugene. *After the Spirit*. Grand Rapids: Eerdmans, 2005.

Seitz, Christopher. *Seven Lasting Words: Jesus Speaks from the Cross*. Louisville: Westminster John Knox, 2001.

Turner, Denys, "On Denying the Right God: Aquinas on Atheism and Idolatry." *Modern Theology* 20/1(January 2004): 141-62.

von Balthasar, Hans Urs. *Mysterium Paschale,* translated with an introduction by Aidan Nichols, O.P. Grand Rapids: Eerdmans, 1990.

Williams, Rowan. *Anglican Identities*. Cambridge, MA: Cowley, 2003.

-----------, *Christ on Trial: How the Gospel Unsettles Our Judgment*. London: HarperCollins, 2000.